文化驿站 共享空间

杭州社区文化家园建设丛书

家乡·骆家庄

何去非 编著

杭州出版社

图书在版编目（CIP）数据

家乡·骆家庄 / 何去非编著. -- 杭州 : 杭州出版
社, 2022.9
  （杭州社区文化家园建设丛书）
  ISBN 978-7-5565-1827-2

  Ⅰ. ①家… Ⅱ. ①何… Ⅲ. ①社区文化－建设－概况
－杭州 Ⅳ. ①G127.551

  中国版本图书馆CIP数据核字(2022)第130824号

JIAXIANG LUOJIAZHUANG

家乡·骆家庄

何去非　编著

责任编辑　李竹月
美术编辑　祁睿一
责任校对　陈铭杰
出版发行　杭州出版社（杭州市西湖文化广场32号6楼）
　　　　　　电话：0571-87997719　　邮编：310014
　　　　　　网址：www.hzcbs.com
排　　版　杭州真凯文化艺术有限公司
印　　刷　浙江国广彩印有限公司
开　　本　710 mm × 1000 mm　1/16
字　　数　98千
印　　张　8.25
版 印 次　2022年9月第1版　2022年9月第1次印刷
标准书号　ISBN 978-7-5565-1827-2
定　　价　23.00元

序 言

　　2017年以来，杭州市根据中共浙江省委关于社区文化家园建设的整体部署，以"文化驿站、共享空间"为定位，通过改建、扩建社区已有文化设施，整合现有文化资源，积极打造集思想引领、道德滋养、文明倡导、文化熏陶功能于一体的社区文化家园。截至2021年底，累计建成1055家社区文化家园，覆盖全市80%以上的社区，其中，五星34家，四星72家，三星181家。

　　2021年，杭州市继续从制度、资金、管理三个方面对社区文化家园的建设提供有力保障，全年共新建成260家社区文化家园，形成了以下特色亮点：

　　——以居民为中心，进一步激发出居民的主人翁意识。社区文化家园在硬件设施建设和内容载体设计方面，都把"以居民为中心"的思想贯穿始终，服务好居民群众，让居民乐于参与、积极参与。第一，围绕社区居民日益增长的精神文化需求，健全社区各类设施和场所的文化功能，完善社区公共文化服务体系，开展各类文体活动，活跃社区文化。第二，突出居民主体，发挥好居民自治的重要作用，由西湖区翠苑社区居民首创并共同约定遵行的"孝心车位"及其公约，有效解决了子女看望父母长辈停车难的问题，成为杭州社区治理的一大创举。第三，搭建线上线下居民交流平台，形成学习、教育、休闲等各类社团组织，加强社区居民的参与互动，实现社区文化家园建设为民靠民，社区文化家园建设成果由居民共享的目标。

——以社会主义核心价值观为引领，进一步承担起新时代文明实践的重要职责。杭州将社区文化家园与新时代文明实践站的建设工作相结合，将社区文化活动与群众性精神文明创建活动相结合，为社区居民搭建了共同的公共文化空间与精神家园，以社区文化家园为抓手，推动社区精神文明建设。第一，加强文化活动的宣教作用，在日常文化活动中，专门将社区文明案例转化成宣讲课程和文艺作品，寓教于乐，寓宣传于服务；同时，在活动现场向居民分发各类宣传资料，以活动强意识，以意识促行为，使文明行为成为生活习惯。第二，发挥社工的专业作用，做好社区志愿者的引导、发动、培训及保障工作，探索"社工+志愿者"的联动机制，激发居民群众关爱家园、参与发展的热情，围绕"整洁环境、文明养宠、文明出行、规范停车、垃圾分类、定点投放、爱护绿化、爱护公共设施"等社区文明新风尚身体力行，逐步形成"我为人人、人人为我"的和谐良好氛围。第三，讲好身边好人的模范事迹。利用长廊、橱窗、楼道、道路等基础设施，宣传展示社区的最美现象、人物风貌、榜样典型等内容，用身边人、身边事来感染人、熏陶人、教育人，营造见贤思齐、向上向善的浓厚氛围。

——以宣传普及习近平新时代中国特色社会主义思想为重点，进一步发挥好基层宣传思想文化阵地的重要作用。社区文化家园以"精神家园"为功能定位，弘扬主流价值、传承传统文化，注重习近平新时代中国特色社会主义思想的宣传普及和社会主义核心价值观的落细落小落实。第一，依托市民讲堂、道德讲堂、科普讲堂等活动载体，组织党员干部进社区进行宣讲，进一步巩固宣传思想文化工作的基层阵地，推动宣传思想文化工作走进群众、深入人心，取得实效。第二，着眼于居民思想道德水准的提升，通过公益广告宣传、民间艺术创作、社区文化展陈等形式，广泛开展科学、法律、文化、健康等知识的宣传教育，提高了居民的现代文明意识和科学文化素质。第三，把社区文化工作要点集中到思想建设与内容建设上，改变了以往文化建设重硬件的倾向，通过活跃社区文化，倡导文明风尚，推动居民交流，让文化建设有形可见、入脑入心，让居民群众受到教育、得到启发，实现市民文明素质与城市文明程度的相互促进、相互提高。

——以重构现代都市的社会关系为立足点，进一步塑造好和谐互助的邻里文化。在文化家园丰富的日常活动中，现代都市的"都市冷漠症"逐渐消除，从"陌邻"变"睦邻"。第一，连续18年举办邻居节活动，每年的活动覆盖杭州13个区县（市），除政府部门组织的文艺演出、社区公共环境整治、嘉奖"好邻居"外，越来越多的社区和个人自发组织起敲门送温暖、邻里百家宴等活动，填补邻里交往的空白，增强社区归属感。第二，根据不同社区的实际情况，构建和谐互助的邻里关系。在老小区，社区文化家园整合各类资源，提升养护、休闲、保健等公共服务水平，老年居民也自发组织了"银发互助队"，提供陪伴、语言安慰、生活品代买等志愿服务；在新杭州人聚居的社区，文化家园里开设起"四点半课堂"，由本地退休老教师、社工帮助照看，解决家长的后顾之忧，增加孩子们之间的互动关系。

我们从五星和四星社区文化家园中选取了8个有代表性的社区，组织力量采写了第四辑杭州社区文化家园建设丛书，一方面是继续展示杭州市社区文化家园建设的成果，另一方面也想通过丛书的出版发行，进一步推动全市社区文化家园建设再上一个台阶，为杭州市争当浙江高质量发展建设共同富裕示范区城市范例助力。

杭州社区文化家园建设丛书编委会

2022年3月

目　录

文化家园崇德堂

第一章　桑梓之念

　　河道纵横交错，水巷蜿蜒相连，白墙黛瓦依水而建，一派江南水乡风情——骆家庄，在当今前所未有的时代大浪潮中，逐浪前行，奋勇拼搏，在变革中勇开新局，取得了翻天覆地的巨大变化，焕发出生机勃勃的强大力量，一跃成为城市现代化、示范性的先进标杆社区。

　　骆家庄位于杭州城西郊，曾是西溪湿地东部一个由18个自然村组成的行政村，属于典型的江南水乡，占地300余亩，距杭州西湖边的钱塘门（今为遗址）约7千米，南距秦亭山、老和山等约两三千米。1993年1月土地征用，1996年6月归属杭州市，1999年1月撤村建居，归属于西湖区文新街道。社区下设18个自然村，分为东苑、西苑一区、西苑二区、西苑三区四个集中居住点，以"城中村"的形态集中居住，合计521户，常住人口2753人，流动人口2万余人。

现今社区区域范围为：骆家庄西苑东至古墩路及紫荆文路，西至林语巷及紫金港河，南至桂花城，北至文一西路及紫荆雅路；骆家庄东苑东至名仕花园，西至古墩路，南至兰桂花园，北至文一西路。区域面积为0.33平方千米。

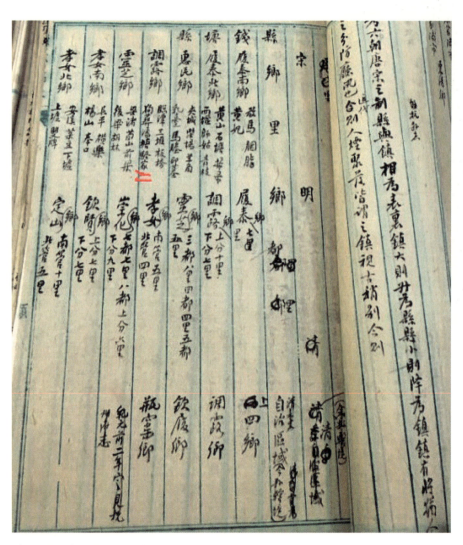

《杭县志卷》记载骆家庄资料

第一节 历史沿革

骆家庄建村的历史较为悠久，村名在七八百年前就已见于史籍。最早见于南宋《咸淳临安志》："钱塘县管十三乡……调露乡管里六：临潭、三堆、版桥、狗葬、潘塘、骆家。"当时，骆家庄为里，属钱塘县调露乡管辖。民国时期编撰的《杭县志卷》也有记载，宋代钱塘县调露乡有临潭、三堆、版桥、狗葬、潘塘、骆家六里。

明朝万历年间，以在城为坊，负郭为隅，农村为乡。骆家庄划为钱塘县履泰乡管辖。明万历《钱塘县志》记载，钱塘县所辖"乡都诸里凡五区四百二十六圩"，其中西南区属于履泰乡的有骆家圩，即为"骆家庄"。

1949年5月，骆家庄行政村归属杭县三墩区履泰乡（杭县设置临平、塘栖2个直属镇和5个区、5个镇、42个乡，其中三墩区辖留下镇、三墩镇和双桥、山桥、义桥、肇和、塘河、蒋邱、五常、履泰8个乡）。

1950年5月，履泰乡划为杭县留下区管辖，骆家庄随之调整到留下区。

1954年，农业生产合作社发展迅速，杭县有705个农业生产合作社，骆家庄也成立了农业生产合作社。

1958年10月1日，实行人民公社化，农村实行以大队为单位进行生产。杭县撤销并入杭州市，属于杭州市郊区，郊区包括有留下在内的10个公社，骆家庄成为杭县留下人民公社古荡管理区骆家庄大队，大队下分生产小组，骆家庄大队18个自然村分为9个生产小组。

1961年3月，原余杭县境域从临安县析出，建立钱塘联社，骆家庄划归钱塘联社三墩公社。

1961年4月，撤销联社，恢复县建置和区级建制，钱塘联社改建为余杭县，县级机关驻临平镇，余杭县设临平、塘栖、余杭、三墩、瓶窑5个区，并调整公社规模。其中三墩区调整为三墩镇，以及西行、勾庄、双桥、良渚、大陆、安溪、五常、蒋村8个公社，骆家庄成为余杭县三墩区蒋村人民公社骆家庄大队。

1983年3月至1984年4月，实行政社分设，恢复乡镇建制。骆家庄随之恢复为余杭县三墩镇蒋村乡骆家庄村。1987年末，全县行政区划调

骆家庄工商业联合会成立大会

整为1个县直属镇，5个区，18个镇，34个乡，68个居民区，575个行政村，4751个村民小组。骆家庄村属蒋村乡。

1993年1月，余杭县建立三墩经济开发区，骆家庄村列在首期规划开发的4.13平方千米范围内。

1993年5月19日，余杭县三墩经济开发区管委会与骆家庄村签订"统一征地协议书"，两次共征用土地2837.752亩（约1.9平方千米），村民实行一次性农转非。

1996年6月30日，杭州市扩大行政区划面积，余杭市三墩经济开发区归属杭州市管辖，骆家庄行政区域调整被划归杭州市。

1997年1月22日，杭州市成立蒋村商住区建设管理办公室（蒋商办），规划总用地约4.122平方千米，骆家庄归属蒋村商住区。

1996年，成立杭州市骆家庄村经济合作社。

1998年8月19日，杭州市西湖区人民政府文新街道办事处建立，与蒋商办两块牌子，一套班子，共同负责蒋村商住区的建设管理和街道工作，骆家庄归属文新街道。

1999年1月，骆家庄撤村建居，成立文新街道骆家庄居委会，成为杭州市第一批撤村建居改革试点之一。

2001年4月，在原来的经济合作社的基础上，成立骆家庄股份经济合作社第一届董事会。

2018年6月27日，西政发〔2018〕70号文《杭州市西湖区人民政府关于同意成立骆家庄、五联社区的批复》，标志着骆家庄社区正式成立。

第二节　西溪人家

1. 自然环境

骆家庄的形成和发展，与西溪湿地血脉相连、息息相关。

骆家庄村地处西溪湿地核心区块，是杭州西郊西溪境内有名的大村落。早在汉唐时期，西溪地区范围很广，从北边的良渚、西边的蒋村和五常，到东边的古荡一带均为水网平原地带。

这个区域内的地势低平，河荡密布，因为泄洪能力弱，地下水位又高，每当天目山一带的洪水从东苕溪一带袭来时，西溪地区便成了蓄洪区，洪水泛滥，淹没田庐。

东汉灵帝熹平二年（173），余杭令陈浑在苕溪筑堤蓄水，建成中桥乡一带水库，增置陡门塘堰数十处，使蓄泄以时，旱涝无患，灌溉县境田地千余顷，使东苕溪下游的西溪地区农田耕地得以保全，低洼之地变成了河荡和湖滩，成为典型的河渚水网地带。

骆家庄村四面皆水：南有南漳湖，与五联村接壤；西接有着"西溪诸河"之名的紫金港河，与三墩镇的双龙村相邻；北近有着"运粮河"之称的余杭塘河，与三墩镇的三坝村相望；东为莲花港河，与古荡镇的益东村毗邻。

骆家庄村内小河纵横交错，犹如织成一张水网，把全村分割成九大块，而镶嵌其中的，就是星罗棋布的水塘和漾潭。

在过去的骆家庄，水塘和漾潭是最为重要的资源，占据了村里的绝大部分面积，几乎每一个自然村都被水塘环绕着，仅余杭塘河戏台角东边流出的支流，以及紫金港河谢家桥处流出的支流，所分割的西北区，就分布着大大小小的水塘50多处。河流连接之处，往往还有较大的漾潭，骆家庄较大的漾潭共有6处，即观音漾、桥东漾、素肚儿漾、大缺口漾、五条港口漾和白丰潭。

水塘是骆家庄重要的生产资源，不仅可以养殖鱼、虾、蟹等水产，还可以种植莲藕、菱角、茭白，这些是骆家庄村民的经济来源之一。

水塘和村内小河，也是村民日常用水的水源，20世纪80年代之前，骆家庄没有通自来水，村民生产生活用水全部来自村里的小河和水塘。

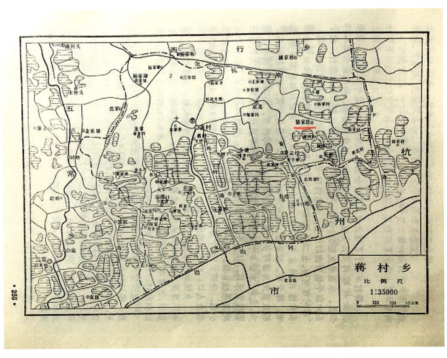

《余杭县地名志》记载骆家庄资料

2. 村落分布

骆家庄村是由18个自然村组成的一个较大的行政村，自然分布在西至紫金港、东至莲花港河、南靠文二西路、北临余杭塘河的近似梯形的地带，东西长近1700米，南北长1200米，周回约6100米，总面积约2368100平方米。骆家庄村行政驻地在骆家庄古镇上，据1987年编纂的《余杭县地名志》统计，当时骆家庄镇人口为179人，其位置在今骆家庄西苑一带。

骆家庄古镇跨河而建，为骆家庄的核心，也是骆家庄集市所在地，商店、杂货铺、酒店跨河两岸排列聚集，成为村民们购置生活用品、进行商品交易的中心地带。

18个自然村落分布如下：

戏台角：处在骆家庄西北角，北邻余杭塘河，西面水塘密布，村里原有戏台，节庆日与农闲时常常请戏班在此演戏娱乐，故得名戏台角。

桑园村：别名"三官塘"，在戏台角南、小港村西，呈倒T形。

小港村：与桑园村隔着小河相望，呈U形，全村围绕小港而建，故名为小港村。小港村内分三个居民点，分别称为里港、外港、胥家塘上。

胥家塘：胥家塘口东，周边围绕着鱼塘、竹林，全村共十一户，全部姓胥，故名胥家塘。

胥家塘口：在小港村东偏南，村中有一处小塘，村民散居在小塘的西、北、东三面，以胥姓为多，故名胥家塘口。

钱家桥头：在胥家塘口南，磨王兜西北，与胥家塘口同在南北贯通

《余杭县志》记载骆家庄资料

的小河边。

磨王兜：在钱家桥东南、笔角圩东北，村子建在土墩上，形似石磨，故起名磨王兜。

笔角圩：在周家村西北，与周家村同在骆家庄村的东南一隅，全村依河而建。

周家村：在骆家庄的东南角，位于村中小河与莲花港河交汇处。

杨家村：在小港村南、田畈里西，依河南岸而建。

田畈里：在小港村南、杨家村东，建在河道转弯处。

东船厂：在骆家庄中部，早在唐朝时是造船厂，故名东船厂。

骆家庄东镇：在骆家庄中部，位于骆家庄老街东面，与东船厂西面相连。

骆家庄西镇：连接骆家庄老街东西住户，是骆家庄核心区域，老街上有茶馆、药馆、供销社、南北杂货店、大礼堂、棺材铺、豆腐铺等，是方圆十里的一个小型集镇。

丁家圩角：在骆家庄南，紧靠村西丁家圩的东北角，故称丁家圩角。

南河头：在丁家圩角之南，村西北角为观音漾，相传为观音菩萨淘米处，全村依河而建。

包家塘：又名包家埭，在骆家庄西南角，全村依河而建，居民多姓包，故名包家塘。

陆家门：在骆家庄最南端，全村紧靠由观音漾流出的小河，村民多姓陆，故名陆家门。

3. 生产活动

骆家庄村自然资源较为丰富，特别是以水资源和竹木资源为主，是土地肥沃、物产丰饶的鱼米之乡，因此生活方式以渔耕农业为主，兼种麦、豆、油菜、桑、竹笋等。

随着社会不断进步，人们生产生活演变，村民们不断创造条件，改善生活，用勤劳和智慧，改变着骆家庄的生产生活环境。骆家庄整块的大面积农田相对来说不多，基本是被河汊分割成一块块的小圩田，据1961年大包干时的统计数据显示，共有农田1039亩，鱼塘880亩，柿子林84亩，桑园248亩，竹林359亩，共计2610亩。

农耕。骆家庄大部分农田分布在余杭塘河两岸，其中，余杭塘河北岸东至双港口、西至三元桥、北至大船河头的狭长地带为骆家庄水田，大小共计9块左右，村民们习惯上称之为塘上、保安桥、牛头湾、烂潭里、洪家圩、小陈圩、横门头、蒋公圩、三太圩，面积计有400余亩。余杭塘河以南的土地，以旱地为主，共计6大块，即河东圩、钱家圩、毕谷圩、骆家圩、草头圩、丁家圩。

新中国成立初期，由于科学技术落后，村民保持原始状态耕作制，品种混杂，产量很低。据老年人说，早稻品种叫连塘早，每亩产量只有300斤左右，而且品质较差。1958年后，虽然水稻品种有所改良，生产技术有所进步，但由于大批农民进工厂炼钢铁，已失去了以农业为基础的指导思想。改革开放后，开始在冬季种大麦、小麦、油菜、蚕豆等，农田基本无闲置，早稻、晚稻一年三季，品种质量有所提高，实行精耕细作，农药化肥供应充足，粮食产量逐步提高。

水产养殖。骆家庄村内河港交错，鱼塘毗连，水塘是骆家庄重要的生产资源，是淡水养殖的好地方。

骆家庄自古有"柿基鱼塘"式的养殖方式，唐宋时西溪人家已开始人工放养淡水鱼，村民多以捕鱼为业，池塘广数百亩，可行鱼千斤。骆家庄的水产种类繁多，有青鱼、鲢鱼、包头鱼、鲫鱼、甲鱼、黑鱼、河虾、螺蛳、河蚌等，这些是骆家庄人的重要渔业资源。

1975年，骆家庄村开办鱼种场，自繁自育多种鱼苗，鱼种场有40余亩鱼塘，鱼苗除供给本村之外，其余的销往黑龙江大庆等地。骆家庄淡水鱼养殖产量逐年增加，1980年前总产量为4000余担，到1983年承包到户，由于精心管理，成本投入增加，产量据不完全统计，达9000担左右，农户经济效益增加，年产值达到180万元左右。

20世纪80年代前，以粗放型养殖为主，主要环节为放鱼苗、管理鱼塘、捕鱼，村民家家户户都备有捕鱼工具。20世纪80年代以后，骆家庄鱼塘养殖引进了现代化生产技术，将传统的鱼塘进行改造，挑平并挖深塘滩，增加蓄水量，提高塘容量，再使用水泵、增氧机等设施，增加了塘水的含氧量，以提高放养的密度。经过改造，出鱼量大大增加，再配合防病治虫，产量翻了一番。

旧时，在销售方面，古荡镇古堰桥塊有大批渔行，从事渔业中介业务，骆家庄村民的淡水养殖以此为销售出路。1960年开始设立的古荡收购点，是杭州市区鲜鱼主要供应的渠道之一。

除此之外，骆家庄的藕和菱，可谓是杭州著名的土特产。由于这一带水质好，藕和菱的肉白嫩、松脆、水分多，被奉为上品。据传骆家庄的藕，清代时期是杭州的贡品之一。菱也是骆家庄的一种土特产，既用作蔬菜，又充当水果，肉白嫩，水分充足，被奉为上品，但种植较少，一般利用荒鱼塘、河滨等利用价值较小的地段种植。

竹笋、柿子、桑蚕、杨刁。村民们充分利用水塘之间的隙地，将其开发成为竹林、柿林、桑园。每到冬天，村民又将水塘里的淤泥清理出来，作为竹林、柿子林、桑园的肥料，作物产量提高，质量也更好，竹笋、柿子、桑蚕、杨刁等都成为骆家庄的特产。

竹笋是骆家庄主要的经济作物之一，也是村民重要的经济来源。骆家庄以产早笋为主，同时也有零星的白步鸡笋、多毛笋、蚕步鸡笋。每年清明时节，大量早笋上市，供应杭州居民。过去，村民会将新鲜竹笋运到城里松木场、卖鱼桥等地去卖，再用卖竹笋赚的钱换购生活用品。

柿子是骆家庄出产的最主要的水果。当地盛产古荡柿子，品质驰名中外。骆家庄村有柿子树共计4600棵，年产量800担，以金盆柿为主。柿子风味独特，受到上海、宁波等地人们的喜爱。据传骆家庄的柿子在清代为杭州的贡品之一。

以前由于交通不便，骆家庄柿子主要销往上海，最早设有收购站，种植户用稻桶、荷叶、梨头将柿子烘成八成熟，再装箱运往上海。1975年后，大礼堂设立收购站，采用尼龙大棚，在大棚内点香将柿子烘成八成熟，再装箱运往上海销售。在运输途中，因骆家庄只有木制摇船，只能先将柿子运至大关，在那里转舶船运到上海。

桑蚕也是骆家庄村民的重要经济来源之一，骆家庄种植了大量的桑树，村民们每家每户植桑养蚕，而且很有特色。桑园通过改良，成片种植无杆密植桑，提高桑叶产量。通过科学养蚕，增加了村民的经济收入。养蚕的工作主要由妇女承担，她们还参加政府组织的培训，专门学习养蚕技术，在村里推广普及养蚕新方法，提高产量和质量。

杨刁是骆家庄一带对杞柳的称呼，也是骆家庄种植的重要经济作物。村民用杨刁来编各种器物，拿到市场上出售，过去，不少骆家庄村民都是编杨刁的能手。

骆家庄文化家园大门

第二章 文化家园 此心安处

　　在这片充满希望的土地上，有一幢楼承载着百姓的心灵归宿，也把千百年来在这里生活劳作的百姓生活娓娓道来。

　　撤村建居后，骆家庄一直缺少供全村百姓进行传统习俗学习和文化娱乐的平台和载体。2012年，浙江省委、省政府提出从建设乡村精神文化地标——文化礼堂入手，为农民打造精神家园，让其在"身有所栖"后"心有所寄"。

　　作为城中村的骆家庄，积极响应，很快建成一座相对简单的文化礼堂，让骆家庄2000多名本地居民在撤村建居后再次拥有了一方活动平台。

　　随着形势的发展，为更好地满足居民对美好生活的需要，2016年底，骆家庄建成了一幢建筑面积约5000平方米、耗资2000多万元的综合体建筑——骆家庄文化家园。

　　文化家园成为全社区百姓提供进行民主议

事、传承传统习俗、组织文化娱乐的平台和载体，打造了一个承载乡愁记忆、增强百姓获得感和幸福感的场所。

建筑内设大礼堂、"最多跑一次"公共服务大厅、崇德堂、骆家庄茶馆、筑梦书屋、龙舟文化馆、议事厅、健身房等场所，设施齐全，功能丰富。每一个空间怎么设计，都由全村人讨论着来。定期在文化礼堂举办传统文化展演，每月邀请文艺团队在茶室里的戏台表演，而崇德堂内则定期开讲座，宣传村规民约，争取让人人知晓。

综合体一楼是设有"最多跑一次"试点的公共服务大厅和多功能的家园大厅。

二楼是陈列《之江新语》等著作和体现时代精神的崇德堂，留存骆家庄老百姓心中"红舟"的龙舟文化馆，体现骆家庄合并前的18个村落民主治理的议事厅，承继传统习俗和集镇文化的茶馆，汇集各类书籍和"黑科技"的筑梦书屋，供骆家庄本地人和外来居民进行体育锻炼的健身房。

2021年4月，作为杭州西湖区头号为民办实事项目，18个幸福西湖民生综合体之一——升级亮相后的骆家庄民生综合体投入使用。

在骆家庄文化家园的营造建设与使用中，包含了反映集体记忆的物件，提供了可举办多种活

文化家园一楼多功能厅

文化家园二楼

文化家园健身房

动的场所，演绎发生着具有地域性、共享性与时代性的事件。设计者从"物""场""事"三个要素出发，通过共享的方式营造这一"小镇客厅"。

社区文化家园是集教育功能、展示功能、文化精神传承功能和娱乐功能于一身的文化综合体，是提升社区文化建设水平的重要保障。文化家园的建成，开始承载骆家庄老百姓的归属和荣誉，有效地凝聚了民心，增进了共同体重塑和"一家人"气氛的形成，促使村民更好地适应城市生活，让老百姓在此共享骆家庄经济、社会、文化发展成果。

骆家庄的老党员李爱丽说："我是土生土长的骆家庄人，乡愁馆可以让我们有家的记忆，还可以把故事讲给下一代听，让他们不忘本，不忘根。"

不忘本，不忘根！这是骆家庄人心灵深处的声音。

第一节　龙舟：齐忆乡愁

端午节前夕，在骆家庄文化家园的龙舟文化馆里，一场场"以老带新"的龙舟培训正在进行。

每逢端午节，骆家庄18个自然村都会组织划龙舟。而如何弘扬发展龙舟文化，让家家户户的龙舟情结拧成一股绳，村干部想到办个龙舟文化馆。

要让龙舟文化馆真正发挥作用，村民参与是关键。围绕龙头搬不搬家的问题，一个多月的时间里，村里开了10多场协调会。骆家庄股份经济合作社党委书记、董事长章忠萍第一个把自家的龙头搬到龙舟文化馆。干部带头，25户村民也跟着一起搬。

让大伙儿没想到的是，首批26个龙头一"上岗"，龙舟文化馆就吸引来了各地的观光团。龙头全部放在一起，大家看了之后有一种震撼感，这代表的是骆家庄团结拼搏、勇争一流的龙舟精神。

龙头雕刻是一门源自赛龙舟的手工技艺，会这门手艺的人现在已经很少了，而各家各户的"龙头"，个个都是骆家庄的"传家宝"。

如今，共有32个"龙头"在文化家园中展出，向人们展示了龙头雕刻这门技艺，各家各户也在这里分享他们与"龙头"的故事，彼此之间互相交流，"龙头"不再仅仅是某一家的财富，而是大家共同的文化财富，让不论是游客还是当地年轻人都认识到属于骆家庄人的龙舟情怀。

与龙头一同展示的还有划桨、锣鼓、龙舟大旗等，这些同样是龙舟文化的象征物。在文化家园中还有一项非物质文化遗产——"西溪漕划舟", 在文化家园的二层大厅中陈列展示了缩小版的"西溪漕划舟"。

文化家园提供了村民间技艺分享、面向公众展示等的平台, 促进了地域文化的有效推广, 进一步共享与发扬其蕴含的精神文化价值。更加体现其共享精神的是龙头与划桨、锣鼓等"物件"还可以被使用者借用, 不仅仅共享其文化价值, 还将共享落实到实物上。

这些物品平日里皆处于闲置状态, 而置身于文化家园之中, 这些具有文化象征意义的闲置资源被再次利用, 通过不同的形式实现共享,

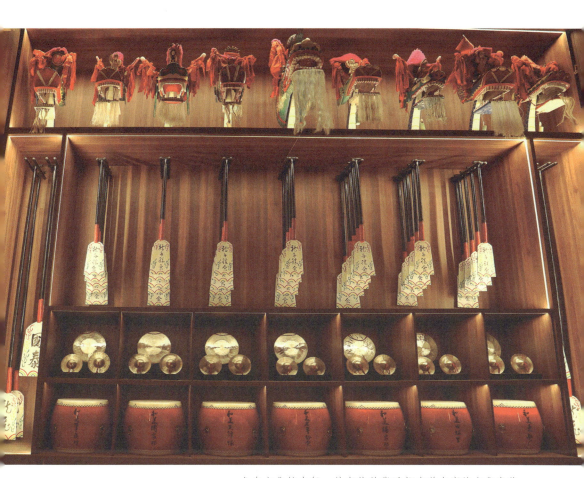

龙舟文化馆中每一件老物件背后都有着丰富的文化底蕴

使原来属于个体的生活记忆与文化象征变成了地域传统文化的分享与推广，实现了其精神传承价值的共享。通过对这些与龙舟文化息息相关的"物"的共享，将骆家庄人的龙舟文化传统向外界推广。

如今，龙舟文化馆让村民们意识到村庄老底子文化的价值，馆里展出的划桨、锣鼓、龙舟大旗，都是村民们自发从各地搜罗来的宝贝。馆里还定期举办"划龙舟培训"等活动，吸引更多年轻人了解龙舟文化。遇到来龙舟文化馆参观的游客，骆家庄村民都会热情地向大家讲龙头的故事。

在骆家庄，与龙舟文化有关的划龙舟、赛龙舟活动，得到周边居民的广泛参与，不再仅仅是端午节的仪式性活动，而成为一种日常性的活动，实现了面向大众居民的共享。

根据浙江省社会科学院专家团队所著《乡关何处：骆家庄村落历史与城市化转型研究》一书中的问卷调研结果显示，骆家庄超过96%的受调查村民将划龙舟视为日常生活的重要组成部分，94.7%的受访者表示自己积极参加划龙舟这一项活动，其中最主要的参与者是中年人，其次是青少年，该比例还有不断上涨的趋势，顺应了龙舟文化的传承发展需求。这样的一种划龙舟的文化活动每年还吸引了周边的居民与游客一同参与其中，通过划龙舟的体验过程，将骆家庄人团结协作的龙舟文化分享给了所有参与赛龙舟活动的人们，使"团结拼搏，永不放弃"的龙舟精神薪火相传。

龙舟文化让社区文化家园变得"古新交融"，老百姓在城市里就能感受到浓浓的"乡愁"。

第二节　茶馆：共商大事

在骆家庄的文化家园里，有一面由杯子组成的"口碑墙"，总共有521只杯子，每一只杯子都代表着村里面的一户人家，村子里面的人来到这里就像来到自己家里一样。

在老底子的时候，每天清晨或午后，骆家庄的老人们聚集到镇上的老茶馆，喝茶、打牌、下棋、聊天，是他们长久以来的生活习惯，老茶馆成为骆家庄人的重要记忆场所。

在建设社区文化家园之初，骆家庄就在场地二楼辟出专门的位置重建骆家庄茶馆，并决定把茶馆议事的传统恢复起来。

在功能性上，老茶馆具备了日常的茶馆功能与有需要时的会议功能，平日里成为老年人的活动中心，有时也会为"红色主题日"会议提供场地。

茶馆的整个空间根据周边居民的使用需求可进行调整，实现这一空间在闲置时间的再利用。有事相约到茶馆里商量，围着八仙桌喝茶聊天，翻看《骆家庄报》上的新闻……茶馆对骆家庄人免费开放，人气每天都很高，成为大家议事、闲聊的好去处。

在文化性上，老茶馆延续了以茶会友的生活方式，一方面将原本独有的精神财富展现给了更多的人，另一方面在城中村改造、改善生活环境的基础上最大限度保留了居民的乡愁记忆要素，保存并共享、发展着珍贵的无形资产。

整治"脏、乱、差"居住环境的决定，就是在这种民主议事的氛围中讨论出来的。

　　借杭州大规模开展城中村改造的东风，骆家庄开始了新的改造工程。怎么改？怎么造？骆家庄人都参与讨论，出主意。出于对家园的热爱，村民提出了许多实招，村民们将这些"金点子"一一采纳到改造方案中。

　　依托百家议事厅、骆家庄茶馆这些党员群众议事纳谏平台，骆家庄

文化家园议事厅

成为街道社会治理创新的"试验田"和文新"2433"一线工作法的"前沿哨"，构建起网格党支部、股民代表、工会组织、老年协会等内生组织和结对民主统战人士、社会共建资源等外扩力量共同参与的民主协商体系，组织党员重大决策恳谈会、股民代表联席会、户主议事协商会、老年协会乡贤理事会等四种形式的议事纳谏载体，链结共同利益，缩小差异分歧，形成集体决议，推动问题解决，有效推动城中村综合整治等民生实事建设和热点问题办理落地见效，形成了"大事一起干、好坏大家判、事事有人管"的生动格局。

为使本土文化和乡村文化回归生活，使乡村"消而不失"，骆家庄历时十多年致力于文化的挖掘、提炼和总结工作，更重要的是，要将骆家庄的文化和精神传承到年轻一代中。

近年来，骆家庄每年都组织青少年"和美之星"系列评选活动，奖励"三好学生"，不断强化青少年思想引导和素质教育。每年在社区文化家园精心组织重阳节和暑期活动，给老人们祝寿纳福并予以关爱，给青少年赠书评奖以寄托希望。活动年年举办从未间断，进一步继承和发扬了骆家庄人敬老爱幼的传统美德。

与此同时，文化家园创新手段引进社会力量，投资建设全国首家"筑梦书屋"公益项目，配备电子图书、AR图书等"黑科技"内容，并以此为平台，组织开展读书沙龙、家庭交流会、公益捐书会等形式多样的活动，深受居民特别是青少年的欢迎和好评。

第三节　村晚：同庆佳节

如果说龙舟文化的传承所做出的各项举措是骆家庄社区地域文化性的最佳表现方式之一，那么"村晚"则是地域文化特色、传统文化与时代发展结合的产物。

从2015年开始，每年春节前后，骆家庄文化家园一层的文化礼堂都会被周边的村庄所租赁，用于举办一场属于他们自己村的"村晚"。各

军事汇演

家的老人、孩子当天下午就早早地欢聚一堂，聊天、合影、包汤圆、煮饺子，其乐融融。到了晚上，观看节目表演，周边居民有空的也会加入其中，共庆佳节。

"村晚"重现了过去乡村生活中每年过年期间大家放下工作，济济一堂，谈天看戏的生活记忆片段。骆家庄文化家园则为这样一种"事"的共享提供"场"的保证，促进了这样一种"事"的共享的发生与发展。

骆家庄文化家园利用当地的传统文化背景，将代表性的物件作为文化的传承物进行分享与体验互动，实现"物"的共享，利用所具备的客观空间条件，通过"场"的共享，使之成为发生各种地域性、共享性与时代性事件的有效场所，实现"事"的共享。从"物""场""事"三个要素全方位地实现了社区文化家园的共享性，不仅服务于周边居民，而且提升了社区活力。

这种共享，共享的不仅仅是物质环境，同样还有弥足宝贵的精神文化财富。它推动着精神文明新风润物细无声地融入"人的城市化"转型之中。

骆家庄村文化家园的存在，留住了乡愁记忆，传承了传统文化，延续了日常生活。同时，文化家园也给骆家庄人带来了更为丰富、多样和充实的文化活动空间，极大地提升了他们的日常生活品质。

观戏、听书是老底子骆家庄人的消遣

第三章　和美人间

　　西溪之胜在于水，水是形成西溪湿地的主要资源与基础。

　　数不清的河道港汊和滩涂堤岸将西溪水域分隔成许多湖、荡、渚、漾和水塘，造就了西溪特有的村落生态：环境幽寂，人踪稀少，以水为村，舟桥作路，家家有小舟，户户有埠头，只能以养鱼、捕鱼为生，兼营农桑耕作，很难进行较大规模开垦，更不能营建众多人口集聚的市镇。

　　这种村落生态，使身处西溪的骆家庄村民远离外界城市的繁华与喧闹，在隐逸雅致、悠闲自在的氛围中过着田园牧歌式的生活，也使村落成为修禅学道、居家耕读、避乱隐居的理想地方，更成为世人称羡的和美家园。

第一节 文化名人

1. 陆氏三龙

清朝初期，西溪骆家庄有人称"陆氏三龙"的陆圻、陆培、陆堦三兄弟，他们以文章气节为世所重。

陆圻（1614—？），字丽京，一字景宣，号讲山先生，钱塘（今杭州）人，明末清初文学家。陆圻喜读书，善思考，性颖异。他通史，工诗，尤精于医术，为清初"西泠十子"之一。明亡以后，陆圻奉母隐居于河渚骆家庄。陆圻著有《陆生口谱》《西陵新语》《灵兰堂墨守》《威凤堂集》《伤寒捷书》《本草丹台录》《医案》等10余本著作。

陆圻在明亡以后，携全家隐居在西溪，不仕新朝，做了一个众人皆醉我独醒的隐逸之士。西溪的隐逸氛围不仅抚慰了陆圻的心中之痛，也鼓励了他对故国家园的坚守，他在其诗《秦亭感怀》中感慨言之：

> 谁唱沧浪鼓枻歌，斜阳溪路晚来波。
>
> 篱边野客此时醉，碛里朔风何处多。
>
> 天目秋云分海峤，秦亭木落下关河。
>
> 砧声莫捣流黄锦，宋玉愁思奈尔何。

其心中的伤感愁思难以言传。

清康熙元年（1662），因明史案的牵连，陆圻与查继佐、范骧皆被捕入狱。陆圻与查继佐、范骧等三人在江浙一带名气甚大，当时人们都以能与之结交为荣耀。庄廷鑨在组织人员修订《明史》时，为了扩大书的影响，抬高书籍身价，有意邀请三人参与，但因三人性情乖僻，从不与商人交往，庄廷鑨就没有征得三人的首肯，直接把他们的名字列入修订者名单，并刊印在书前的扉页上。现代有学者认为，是陆圻、查继佐、范骧三人联合具呈向浙江按察司衙门检举此事，申明备案，揭开了这场文字惨祸的序幕。

明史案是清初的第一宗文字狱，株连甚广，先后因此狱牵连千余人，被杀者共七十余人。陆圻虽与明史案无关，但陆家全家老少一百七十余口因此事都被发配塞外苦寒之地，后因故获释。无罪开释后，陆圻感叹道："今幸得不死，奈何不以余年学道邪！"遂弃家远游，不知所终。有人说他到岭南做了和尚，有人说他到武当山当了道士，但无人真正了解他的归宿。其子陆寅为了寻找父亲，徒步寻遍全国各名山大川，"凡荒崖绝壑，深林穷谷，靡所不至"，但终不得。

在明清易代这场翻天覆地的变革中，一代钱塘才子失去了施展才华的人生舞台，西溪曾经短暂地成为陆圻精神的栖息地，但未能最终让他获得心灵的安宁。

《西溪怀古诗》之《骆家庄怀陆景宣》云：

> 避居河渚骆家庄，奉养慈亲且退藏。
>
> 何竟参禅同贾岛，未能治疾隐韩康。
>
> 纂修口谱黄山老，继述心传白石郎。
>
> 为土为斤音取六，推尊十子美钱塘。

余杭塘河承载着一代代骆家庄人的记忆

陆培（1617—1645），字鲤庭，明朝末期任掌聘问、礼仪的行人司行人。清顺治二年（1645），陆培奉使到闽南，即将返回的时候，听说南明潞王投降，他殉节而亡。

陆垲（1619—1701），字梯霞，与他的两个兄长并以文章领袖东南。据传，其出生时手上有花纹，极似"才人"二字。明亡以后，陆垲至陆庄，"以佃渔"为业，又以教书卖文为副业，与侄陆寅奉亲隐居多年。清康熙三十三年（1694），浙江巡抚张鹏翮修葺万松书院，为浙江省十一州府的中心书院，也是浙江省的最高学府，奉陆垲为山长（校长）。

陆垲筑书斋白凤堂，藏书万卷，人称白凤先生。陆垲著有《白凤堂集》《四书大全》等。陆垲隐居的村落陆庄就是骆家庄，据《西湖志》记载，陆庄，在河水之北，去秦亭山二三里。钱塘陆垲尝奉母居此。方广六十余亩，四面皆水，非舟弗通。由短桥穿竹径，延缘而入为庄门。入门为堂，三楹，匾曰"白凤书斋"。东进为屋数椽，绕以回廊，面临方池，池左右竹木蒙密，题曰"种竹养鱼之轩"。西有舫室，临半月池，为读书处。庄内种植多桑、竹、梅、杏，濒河屈曲，环以竹篱，亦称清幽之地。庄前后为骆家庄，而陆庄居其中。遥望村居，烟火数十家，若断若接。一时名流往访陆庄，多诗作纪之。

《西溪怀古诗》之《骆家庄怀陆梯霞》诗云：

才人堕地手生纹，一斗于公赐笔闻。
敕难燕京裴信甫，传经鹫岭沈休文。
四书录要言编粹，三字明疑狱解纷。
白凤楼前遗稿在，埙篪合奏美机云。

清初著名学者毛先舒有《过陆庄》诗云：

修竹编篱席挂门，先生风节此中存。

曾经患难名尤重，只爱幽栖道更尊。

诗废蓼莪衫迸泪，楼空花萼墨留痕。

陆庄旧隐犹追忆，应似兰成赋小园。

蟹舍鱼庄膝易安，避嚣有路不多宽。

板舆奉侍潘怀县，蔬圃逍遥陆务观。

阅世棋从闲处着，卜居占向静中看。

于今未改烟霞癖，矍铄磻溪理钓竿。

"陆氏三龙"是明末清初重气节的士人，他们忠于故国，坚守士人的节操，或殉节或隐居，成为钱塘遗民的代表。

2. 骆姓族人

骆家庄以骆姓为大宗。经考证，骆家庄的骆姓为骆宾王大弟骆从王的后裔。

骆宾王，婺州义乌（今属浙江）人。他生得眉清目秀，聪明过人，加上家中长者个个都能文善武，学识渊博，使他自幼和诗歌结缘。数月大时，他就喜欢听大人吟诗诵文，三岁时就能背诵许多诗歌和古文。七岁那年，就以"白鹅戏水"为题，咏出了"鹅鹅鹅，曲项向天歌。白毛浮绿水，红掌拨清波"这首名诗。

光宅元年（684），武则天临朝称制，将李显废黜为庐陵王。此举遭到李氏皇族及部分大臣的反对,其中开国重臣李勣之孙、袭封英国公的李敬业(即徐敬业,李姓为赐姓)以扶持庐陵王为号召,在扬州一带起兵反对武后。当时,骆宾王为其幕僚,为徐敬业起草了一篇檄文,即为著名的《为徐敬业讨武曌檄》,历数武后罪状,其中有"一抔之土未干,六尺之孤何托""请看今日之域中,竟是谁家之天下"等名句。这篇檄文被称为大义凛然、千古传诵的好文章,就连事后武则天见了此文,也不得不佩服其文采,说:"人家有如此文才,使他流落不得志,这是宰相的过失啊!"

当时跟随骆宾王起义的有其兄弟、子女、亲友多人,如以副将立奇功的宾王大弟从王、连杀五将的宾王之女红蕖、跟随宾王苦练多年的苏氏姐弟和宾王的二弟尊王。

扬州兵败后,骆宾王脱逃躲祸,一起南逃者有亲信多人。据骆氏宗谱考证,现骆家庄的先祖就是扬州兵败和骆宾王一起南逃的大弟骆从王及其亲属。据史载,骆家庄先人骆从王武艺高强,善于计谋,曾任给事中、左卫录事、参军事,终老于骆家庄。

第二节 文化遗存

九井十三弄 骆家庄旧时的市井规模向来有"九井十三弄"之说。河流沿岸商市繁盛，街巷狭窄，石板铺地，蜿蜒前伸，鳞次栉比的店铺商家都是临街枕河，规模都不大。庄内有九井十三弄，即有九口水井和十三条弄堂，是民居密集之地。在临河一边，分布众多与生产生活密切相关的小店铺，许多商品如铁器、竹编、木器、布鞋、寿品、砖灰、米面等，都有店铺供应。这里的家庭手工业产品，自产自销，有些是店铺与住宅并用，形成"前店后宅"或"下店上宅"。有些家庭作坊是"前店后坊"格局。在城市化进程中，十三弄相继消失，水井亦已湮灭。

陆庄 此为明末士人陆堦的隐居地。据清张道《定乡小识》记载，陆庄在西溪沿山河北，距秦亭山二三里。明末清初时，钱塘（今杭州）陆堦在兄陆培为明王朝殉节后，奉母抚侄隐居于此。陆庄方广60余亩，四面皆水，非舟弗通，由短桥穿竹径而入为庄门。入门为堂三楹，匾题"白凤书斋"。东进为屋数椽，绕以回廊，面临方池，池左右竹木蒙密，匾题"种竹养鱼之轩"。西有舫室，临半月池，为读书处。庄内种植多桑、竹、梅、杏，濒河屈曲，环以竹篱，亦称清幽之地。庄前后为骆家庄，而陆庄居其中。遥望村居，烟火数十家，若断若接。一时名流往访，多诗以纪。

古戏台 旧时，农村文化生活单调枯燥，农忙稍息，骆家庄的村民们便会集资请戏班子到增福庙前的古戏台演出。此时，四乡八里都会赶来看庙戏，其状热闹非凡，整个村庄都沉浸在那委婉动听的戏曲音乐之中，乡人如醉如痴。骆家庄的古戏台建立在观音漾水边，每逢锣鼓一响，村民们或划着小船，停在河埠头观戏，或自带板凳在戏台前的空地上看戏，这算得上当时村民们难得的一种享受。

演戏时间一般都在重大节假日，如春节、元宵、清明、端午、重阳节等，也有大户因家中有红白大事，花钱请戏班来村中演出，举村同庆。

古戏台颇大，前台有100多平方米，后台有化妆室、演员休息室，据老人们回忆，演戏时全村出动，小孩子们四处追逐。小商小贩也抓住这一商机，下乡推销百货和食品，所以演戏又成了商业贸易热点。

土谷神庙　从宋元到明清，由于东苕溪得到有效治理，西溪两岸的农耕、渔业得到了发展，为两岸村民提供了生活保障。但是，水患旱灾还是经常干扰村民的生活，威胁人们的生命财产安全。

西溪一带土谷庙的增多与对土地神的崇拜随之逐渐兴盛起来，他们希望土地神能保佑他们年年丰收，平安生活。据清代吴本泰《西溪梵隐志》载，西溪一带已有土谷庙十余处之多，骆家庄的增福庙是其中一处，它位于余杭塘河南，在现骆家庄东南侧的省府宿舍围墙内。

中国古代各地都有祭社、稷两神的习俗。社，是土地神；稷，为五谷神。西溪一带多合称土谷神，在古代，许多地方往往把当地有德行者尊为土谷神。西溪的土谷庙也有此例。

西溪土谷庙除了数量多之外，还有另一特色，即祀拜的神不仅有土谷神、土地神，还有佛教中的诸佛、菩萨。庄里每年都举行祭拜土谷神的活动。这些节祭，往往将祭祀土谷神与丰富多彩的文娱体育活动相结合，成为西溪沿岸村民生活中的重大节庆活动，既丰富了村民的文化生活，又发扬了尊重祖先、崇拜圣贤的精神。

福缘桥　骆家庄河港池漾密布，桥自然成了重要的交通要道。先人们利用水道优势，依河建街，船只往来即在街边，上客下客、进货卸货，极其方便。要利用水陆交通，就必须建桥，这样就能扩大集镇的辐射力。有了桥，骆家庄与外界的联络大大便捷了。

桥，在旧时不仅是交通要道，而且是先人精神世界里的一种祥瑞的寄托。桥名很能表达出人们对现时和未来的美好向往，从一个侧面反映出先人们的文化心态，特别是在农业社会里，能反映出农民们的祈求和渴望。

位于旧时增福庙西南侧的福缘桥，是骆家庄的民间吉祥物，村民们祈望能与幸福结缘，上天能赐予平安吉祥。福缘桥是东西向的平桥，由三组条石并列铺成，中间一块条石中央有一石刻的荷花，东西两头各有三级石阶，连接观音漾两侧的陆地。当年村民到古戏台观剧，去增福庙礼佛，都要从这桥上经过。桥下的河道便是每年农历五月初三（当地称小端午）各路龙舟向菩萨上香后去竞赛的必经之地。由于城市建设的需要，福缘桥已被拆除。

三官堂　骆家庄三官堂，又名如松庙，位于余杭塘河北岸，杭三大桥西侧沿河绿化带上，是骆家庄、三坝、浦家桥及周边乡民崇佛礼拜之地，200多年来，一直香火鼎盛。2008年，杭州市政府开始进行河道整治，将三官堂复建，其面貌焕然一新。

三官堂始建于清代乾隆年间（1736—1795），初建时有庙宇七间，二进深，位于余杭塘路与余杭塘河河埠之间，前厅庙宇青石门槛，雕梁画栋、垂檐斗拱、白墙黛瓦，庙堂肃然。堂内供奉有三官（天官、地官、水官）、四大天王、千手观音、如来、地藏、土地神等，为佛教、道教、俗神多教共同崇奉的乡间庙宇。

民国初年，三官堂历经近200年风雨已渐颓败，杭州名士马立三先生、郑明正先生、陈逸仙先生先后慷慨出资数百元修缮三官堂。抗日战争期间，庙宇屡遭日本鬼子破坏，部分庙宇被烧毁。抗战胜利后，骆家庄、三坝、浦家桥及周边乡民自筹资金修复，自此，三官堂管理有序，香客盈门，钟磬之声终日不绝于耳。

延至新中国成立后的"大跃进"时期，杭县祥符乡政府将三官堂拆除，改建成养猪场。1982年，随着国家改革开放政策逐步落实，乡民们生活逐渐富裕，为保护祖先留下的历史文化遗产，为老年人营造一个信仰寄托场所，村民自筹资金，重建庙宇五间，面积达400平方米。到1993年又逐步扩建至七间二进深，包括公共通道、凉亭，共约800平方米，并立匾"三官堂"（如松庙）。

三官堂200多年来为何能为乡民们如此崇拜？又为何屡毁屡建不断扩充修缮？原因与三官赐福有关。

三官者，为天官、地官、水官。三官在中国民间被视为幸福、顺利、和谐、平安、长寿的化身。因皆与百姓荣辱福祸相关，故三官自古以来在华夏大地得到民众的广泛崇奉，仅在北京市，三官庙、三元宫就达30余座。

借余杭塘河整治之东风，在市政府的重视下，有关部门拨款100万元在原址重建三官堂，并于2009年2月竣工。

现在的三官堂，一派庄严肃穆，气象一新。堂外，竹花夹岸，古樟蔽日，余杭塘河两岸的绿化带上游人不断，成为西溪湿地一个知名的历史文化景点。

骆兵部遗址 骆家庄有出身文武世家的骆兵部，元帅衔，为"忻统世家"的女婿。"忻统世家"有人曾做过皇帝的先生，官称骆尚书。骆兵部元帅驻骆家庄，下辖金家邦、马家门、周京鹏三军，当时三军在黄姑山一带筑大营，三将军的府地建在益乐村。

传说骆兵部拥有三件稀世珍宝：一是吃的是五谷杂粮，下的却是金蛋的"金麻雀"；二是用金丝做成的"金被"，可按人数多少，随意拉大披盖；三是无限量的"量天尺"。其女婿觊觎这三件珍宝，遂向骆兵部借用，遭拒后向皇上告密，后骆兵部遭杀身之祸，死后葬于骆家庄，坟名叫"唐统坟（音）"，是座石头坟，"文革"时被毁。

油车斗与东船厂　今为骆家庄两个地名。旧时，为满足农民自种油菜籽加工所需，庄内有一处油坊，以油菜籽、芝麻等为原料，用原始手工木床榨油的生产方式，为农民加工食用油，加工快捷，生意兴隆。现在虽然油坊成了历史，但留有油车斗的地名。

东船厂是骆家庄在余杭塘河南岸的一家造船厂，相传早已有之，为当地村民打造运输船和交通用船，延续数百年。现在船厂虽早已荡然无存，但东船厂的地名还在。

整治后焕然一新的社区

第四章　守望乡愁

　　在复杂多变的时代中，骆家庄人既渴望坚守传统文化，又努力融入现代都市，使当代骆家庄文化呈现出五彩斑斓、生机无限的面貌。骆家庄人对传统的守望和传承，是一种"有情怀"的努力。

　　对骆家庄人来说，端午节甚至一定程度上胜过了春节，成为一年中最热闹的时光。在骆家庄，赛龙舟和端午家宴是乡土文化的代表。社区从2006年开始已重启龙舟会，地点就在紫金港河畔。全村老少皆来参加，规模也从最初的11只龙舟发展到如今的32只。划龙舟的爱好早已刻入了骆家庄人的骨髓，重塑着骆家庄人共同的乡愁记忆。

第一节 龙舟胜会

骆家庄地处西溪湿地，河港纵横，水网密布。每当入夏，都会遭受天目山山洪的侵袭，西溪水患，古已有之；人们在入夏之际供奉龙王，将其恭请下船，巡游河港，求其不再发大水之习俗，亦古已有之。乡民们会自发地从每年的农历五月初一开始，在自家村里请龙王，供龙王，吃龙舟酒，感谢龙王。到端午日，进行划龙舟比赛，四面八方的游人都会聚到骆家庄观看龙舟胜会。

作为杭州传统民俗文化的典型代表，在很多老底子杭州人的心目中，骆家庄所在的蒋村地区，龙舟胜会占据了农历五月的记忆，被誉为"花样龙舟"，不是比赛速度，而是比赛花样划法，谁的花样多，激起的浪花多，谁就是胜者。

当时的骆家庄是蒋村地区东片划龙舟的中心，龙舟胜会的热闹场面不亚于今日的深潭口。

自明代开始到现在数百年间，端午划龙舟从没间断过。即便是在"文革"期间，各村的人们在端午日还是偷偷地把龙舟抬下水，将龙王请下船，在自家村里的小河里划上一圈。

几十只华丽的龙舟你追我赶的场景，成为每年端午节骆家庄的一桩盛事，寄托了人们祛灾驱疫、祈求丰收的良好心愿。

1. 胜会流程

"讨饷"习俗。在端午节前，骆家庄各个自然村的龙舟队伍纷纷出动，划着龙舟走村串户进行募捐，头船在前敲锣打鼓，后船接钱接物。此时，乡里乡外家家户户也都备好了钱款、烟酒，只等龙舟上门送物送钱。这些钱物用来在端午日操办龙舟酒，这个过程称为"讨缘"。如今"讨缘"这一习俗已被渐渐弃用，现今的方法是，在自然村按所有人头计算，大人算一股，十六岁以下算半股，大家均摊。

龙舟头轮值。端午划龙舟的一切事务由当年轮值的龙舟头负责召集

龙舟胜会劈波斩浪

和操办。龙舟头由自然村按户按年轮值，在当年划完龙舟谢龙王后交下一任龙舟头。

请龙王。旧时到了端午节这天，上午9点钟光景，龙舟头家的堂屋正中摆好供桌，供桌上摆放了鱼、肉（从前是猪头）、糕点、瓜果和锡纸银元宝等祭品，布置好后，鞭炮鸣响，众人在龙舟头的带领下，由锣鼓开道，恭敬请出龙王，敬请上供，所有人都一一向龙王跪拜叩头行大礼。

送龙王下船。请完龙王，人们分成两拨，一拨准备龙舟酒水，另一拨在龙舟头的带领下装扮龙舟。等龙舟装扮好，再一次鞭炮锣鼓齐鸣，大家簇拥着龙舟头，由他送龙王下船。

胜漾。龙舟装扮完毕后，龙舟工要试一下水，先在村里河道划三圈，再出村划一圈。

吃龙舟酒。龙舟胜漾回村，龙舟头家里，酒水早已准备停当，全村老少男女齐聚龙舟头家大摆宴席，大碗喝酒，大块吃肉。吃完后大约中午12点半，再纷纷正式下水赛龙舟。

赛龙舟。赛龙舟不求力度，只求动作整齐，舟行河上，不紧不慢，优雅自得，颇有大将风度。赤膊龙舟配有16名身强力壮的小伙子，以船头溅水多少、黄龙吐水船头高低、谁先到目的地等诸项，决以优胜。

龙舟有多种形式，如"满天装""半天

龙舟胜会上各条龙舟整装待发

装""赤膊龙舟""泼水龙舟"等,有别于其他地方划龙舟,骆家庄的龙舟不赛速度,而赛表演。每条龙舟要先划遍四周,休息片刻后,再到漾中间原地做360°旋转,随着桨手在鼓声的指挥下奋力往前划,艄公一蹲一起,龙舟头上浮与下沉压出漂亮的水花,水从龙嘴中喷出,胜似真龙再现,极具观赏性。

尾声。村民们小心翼翼地收起了划桨、拴好了龙舟,把龙舟上的龙头拿下来,仔细擦干净以后,放进了骆家庄文化家园二楼的陈列室里,期待着来年新的比试。

2. 龙舟风俗

从前,如果村里哪户人家里有未满周岁的婴儿,便要被抱到龙舟边,从左边的划手开始递抱一圈,预示长大后不怕水、胆子大,能成为一位好划手。

龙舟赛完后,若谁家要给小孩缝棉袄,就会到龙头那里取一些红丝绵,做进棉袄里,以保佑孩子吉祥平安。

龙舟赛完,妇女们会忙着舀龙舟上的水擦家里的门槛,讨个吉利,据说龙舟水可以保佑家人平安、家庭兴旺。

3. 龙舟制作

蒋村地区共有龙舟100多只,但满天装只有2只,其中一艘就在骆家庄。满天装船上有25人,其中5人为锣鼓手。满天装龙舟又俗称"万岁船"。

半天装船上的牌楼、角旗、小伞旗等与满天装龙舟相似,但船身低,无彩绘。船上有20人左右。

赤膊龙舟由普通农家船前头装饰龙头而成，因划船人喜欢赤膊划船，故称为"赤膊龙舟"。船上有划手10人，负责锣、小锣、钹、鼓的各1人，避艄、踩艄的各1人，共计16人。

龙舟制作的过程是：

第一步，打造船身。打造龙舟首先讲究用板，龙舟船身要用专用的老杉木板来打造，一只龙舟是船两边有六块站板的高度，船底也有六块板，两者中间有两块拖泥半圆木头，安在船底的中间。船型由前船头、前舱、中舱、后舱、后船头等组成。龙舟一定要由专门的船匠来打造，所用工具与一般木匠的工具不同，敲打起来声音特别好听，是"静打、静打、静静打、静各拉打、静各拉打、静静"的节奏。打造龙舟的船钉种类颇多，有踩钉、大小扒头钉、马王配、串钉等，还要加上桐油、石灰、铜麻丝等。

第二步，雕刻龙头。首先取好做龙头的材料，赤膊龙舟的龙头为一般龙头，大小适中。其他的龙头根据赤膊龙舟的龙头的上、下、大、小分别来确定雕刻制作。一般的龙头总长约80厘米，宽50厘米左右，雕刻龙头的木料为香樟木，香樟木很好雕刻，香味好，不易被虫蛀。雕刻时，首先要把龙头的材料取好，先雕龙头的上部，鼻子、领梁两边的眼睛基本雕出后，再来雕下部的嘴、牙齿、舌头，最后转回来雕上部的龙角、龙巴掌两块。龙的脖子叫龙头挂、泥坝等。

第三步是制作划桨。龙舟划桨共12把，其中有两把长的，一把是踩艄用的划桨，长3.5米，另一把是避艄、摆舵用的，长2.5米。做龙舟划桨的材料一定要用楝树木头，其他木料不能用。

第四步是制作响器。大锣、小锣、铜钹、鼓共四样响器，前舱上用红旗，后舱上用绿旗，共两面旗。

4. 龙舟音乐

（1）划太平龙舟锣鼓（慢行）

去噔东朗、去噔东朗、去个能噔东朗。去噔东朗、去噔东朗……

（2）胜漾龙舟锣鼓

轻轻轻轻东朗、轻轻东朗、轻轻东朗（同步要有鼓音）

噔个能噔、噔、噔……（胜漾锣鼓是急锣鼓，要敲6次再传达出太平锣鼓）

（3）讨飨龙舟锣鼓

噔噔噔噔去、噔噔噔噔去东，

噔噔噔噔去、噔噔噔噔去东，

噔噔噔噔去、噔噔噔噔去东，

噔噔噔噔去、噔噔噔噔去东，

去噔东朗、去噔东朗，去个能噔东朗。

第二节　端午家宴

除了每年的龙舟胜会，把骆家庄村里人聚集起来的还有龙舟酒。一顿端午家宴摆起来，整整300桌，全村3000多人一同开吃，大家其乐融融，叙乡情、谈心声。

"龙舟酒原来是划好龙舟后，用讨飨得来的钱，男人们再添一点钱，供大家聚在一起吃顿饭。"骆家庄村民说。老底子通过喝龙舟酒，彼此之间可以了解一些信息，比如说你们家还有哪些没有种植的，我家可能有种子给你，你家可能有什么秧苗可以给我种，因此，先人原来是通过这么一种方式来加深彼此之间的了解。

现在的龙舟酒就不一样了，但也成了村民相聚的好机会。大家不管是不是已经搬出村子住了，到了这一天都会回来喝这顿龙舟酒。

"端午这一天对于我们村而言，就是一场全村大聚会。"骆家庄村民说。

骆家庄人搬迁上岸后，集中安置区域门前的通道成了聚餐的极佳场所。

在城市中，这样的聚餐方式并不多见，也可以说是一道风景。中国人特别重视吃，其实准确地说，是重视聚餐——大家一起吃。而这种聚餐，重要的不在于"吃"，而在于"聚"。中国人特别喜欢聚，聚集一堂，聚族而居，聚沙成塔。

正是这样的聚会，培育了村落的日常礼仪，创造了文明的生活方式。

一次聚会的结束，是另一次聚会的开始。村民们会说："下次再聚。"

骆家庄村民们的龙舟宴，构成了一道亮丽的风景

第三节　风俗习惯

1. 节庆

春节　春节是骆家庄人一年中最重要的节日，从腊月二十三开始，人们要打年糕，做汤药团，备年货，杀猪宰羊，到了除夕夜，要供奉祖先，守岁，长辈要给后生压岁钱，预示岁岁有余、岁岁平安。一年之计在于春，祖先为了在新的一年里风调雨顺、五谷丰登，家家户户要放鞭炮、挂门神，以庆贺新春。正月里的串门拜访、互报平安更是少不了。

元宵节　正月十五闹元宵，旧时都举办庙会，村民们都出门看社戏，点花灯，赏花灯，猜灯谜，热热闹闹过元宵。过了正月十五，一年的生计即将开始。据传，骆家庄有工匠专门制作花灯，经营灯笼生意，其中有两户的灯笼最有盛名。

清明节　清明时节，万物复苏，人们开始踏青、祭祖、扫墓，报答祖先的恩赐。

端午节　五月初五端午节，除了请龙王，举办龙舟胜会，还要包粽子，挂菖蒲，佩香袋，吃五黄（黄瓜、黄鱼、黄酒、咸鸭蛋、黄鳝），这些是西溪一带的传统习俗。骆家庄旧时的龙舟胜会举办地点在骆家庄镇，盛时有上百只龙舟参会，周围人山人海、商贾云集，热闹非凡。

立夏　立夏要吃乌米饭，烧立夏饭。每逢立夏前一天，孩子们会向邻家各户讨米一碗，称"兜夏夏米"，再提前挖上点笋，"偷"点蚕豆，备点蒜苗，到了立夏日，将兜得的米与食材放入锅中，在露天煮饭，再在饭上放青梅、樱桃等。饭做好后分送给日前给米的人家，每家一小碗。民间认为儿童吃了乌米饭、立夏饭后，可防中暑。

重阳节 农历九月九日，乡民要为老人们送上祝福，旧俗在这天要吃重阳糕，在糕上插彩旗，铺上栗屑、莲子、瓜子仁等。敬老爱老是骆家庄长期以来弘扬传统道德文化的一个重要内容。

2. 泡茶馆

除了看戏演出外，骆家庄还存在着一种休闲娱乐方式——泡茶馆。茶馆在村民生活中扮演着重要的角色，它既满足了村民的社交、消闲、表意等基本需求，还是解决纠纷、平息纷争的场所，利于促进基层社会整合并维系社会稳定。

3. 婚嫁

旧时骆家庄地区实行的是封建包办婚姻，"父母之命，媒妁之言"不可逾越，青年男女没有自由选择的余地。婚嫁程序较为复杂，主要有：

相命合婚。男方父母给儿子选媳妇，先要了解女方的"生辰八字"，然后请阴阳先生"合婚"。阴阳先生按照《玉匣记》一书所定规矩，依据金、木、水、火、土相生相克的关系，为二人合八字。

定亲送礼。"相命合婚"后，男家要请"媒妁"，现在是介绍人提亲，说定桌面子（现钱）多少，衣服几套，在什么日子订婚，连鞋袜是单是棉、胭脂花粉几盒、头绳多少尺等，都要一一说定。

结婚这天，男女双方家都要张灯结彩，贴喜对联，宴请宾客，摆酒席。同时要进行"打煞""拜堂"，将五谷杂粮撒向新娘、新郎，之后要一拜天地，二拜高堂，夫妻对拜，然后入洞房。当晚在新房中要进行闹洞房、铺床、踩床等活动，房内要点"长命灯"，一整个白天黑夜都不能熄灭。

第二日清早，新娘要给公婆家扫地，并给家中长辈磕头送祝福。第三日，新婚夫妇回娘家，谓之"回门"，必须在当日返回，不得在娘家久坐。据说坐久了，来婆家后会变懒。

骆家庄四周环水，接亲迎亲的交通工具也以小船为主，接亲的队伍划着船，多次锣鼓相催，用花轿接上新娘后，在河里荡上一圈，以示迎亲一方的诚意，以及新娘身份的矜持尊贵。因此，为了表达对婚姻的珍视，哪怕是贫穷之家，也会竭尽全力将婚礼办得体体面面。新郎头戴大礼帽，身穿长衫，新娘则是凤冠霞帔，体现了骆家庄结婚礼仪的庄重。

4. 丧葬

骆家庄在旧时都用土葬。骆家庄的丧葬文化以其一应俱全的礼俗程序、步骤体现了以"孝"为核心的伦理观念和人情味道，凝结着"灵魂不灭"的思想和信仰。例如：要至亲之人全部到场；入殓时要请忏班做道场，超度亡灵；出殡当天要摆素酒，亲朋好友前来致哀；等等。20世纪90年代后推行殡葬改革，将土葬改为火葬，丧期一般为2天。旧时土葬是按宗氏土地安葬的，城西开发后集中在草头圩安乐园让祖先安息，后又搬迁至闲林公墓。

5. 生儿育女

旧时本地区小孩出生后，第三天做"三早"，长辈给小孩服手，意为双手"聪明、勤劳、守规"，亲戚要到新生儿家探望，并送上鸡蛋、云片糕、红糖、挂面、布料等。20世纪90年代后一般都封红包，寓意同送东西基本相同。小孩满月要摆满月酒，一周岁则要摆周岁酒。

6. 蚕神祭祀

骆家庄旧时有祭蚕娘的习俗，据传，古时在思娘桥畔有土谷祠灵昭府下院，其中供奉着灵昭侯和蚕花神。思娘桥地处原古荡湾村，离骆家庄很近，庄内村民皆植桑养蚕，祀蚕娘请蚕猫是当时蚕农间的风俗。

7. 民间信仰

火神会 旧时，骆家庄流行火神崇拜的信俗，每年定期要举办火神会，在农历六七月间，村民自发组织凑份子，借火神像，目的是祈求火神保佑地方平安，镇压恶鬼孤魂，使其不要出来作祟，不要侵扰村民。

忏班祭祀 为慎终追远、报答亲恩，或为了超度眷属、纪念故友，或为了植福延寿、消灾免难等因缘，在民间流传着一种宗教仪式——拜忏。骆家庄忏班分为道教忏班和佛教忏班两类。

佛事活动 村民进行以增福庙和三官堂为信仰载体的相关佛事活动。

骆家庄举行重阳（感恩）节暨"和美之星"表彰联欢会

第五章　美丽蝶变

　　在城市化浪潮中，骆家庄也一度迷失过，特别是土地征迁后，原先的村落消散，集体经济一度衰败。面对同诸多城中村相似的困境，骆家庄社区股份经济合作社党委高举党的旗帜，充分发挥基层党组织的战斗堡垒作用，始终秉持实事求是的精神，努力在传承中求发展，在创新中求突破，积十余年时间的努力突出重围，实现了村庄的振兴发展。骆家庄这个曾经以农耕经济为主的江南村落，已然升级成为杭州西湖区黄金板块的"明星村"。

第一节 城与乡交融的领舞者

走进杭州市西湖区骆家庄，在这个"城中村"里，你会发现，城市、乡村元素水乳交融，使传统村落在城市化转型和重建中获得新生，长出了新的"肌肉和力量"。

这一切，离不开杭州市第十三届人大代表、西湖区文新街道骆家庄股份经济合作社党委书记、董事长章忠萍的努力。

1. "城中村"痼疾频现

自然淳朴的骆家庄村民千百年来靠打鱼种田为生，原本是个典型的江南水乡。20世纪90年代始，城市化的浪潮席卷杭城：1996年，骆家庄开始发展集体经济，建起了工厂；1999年，骆家庄撤村建居；2001年，骆家庄股份经济合作社第一届董事会成立；2018年，骆家庄社区成立。

和许许多多被人诟病的"城中村"一样，骆家庄在起步之初也染上了一样的"痼疾"：521幢农房被分隔成一间间的出租屋，村庄内居住人员身份杂乱，本地居民不足千人，外来租住人员超过2万人，治安形势严峻；随着租房需求越来越旺盛，违章建筑层出不穷；由于房屋密度高，基础设施不完善，加上各种管线杂乱无章，餐饮油污气体排放不畅，住宅区中还有200多家小餐馆，呈现"烟火升腾，昼夜颠倒"的乱象；原本狭窄、拥挤的街巷被各种车辆堵塞，存在严重消防隐患，居住环境变得越来越差……

章忠萍是土生土长的骆家庄人，可他没有像周围的邻居那样依靠房屋出租获利，而是只身进入建筑行业打拼，从最底层的建筑工人干起，2003年创建浙江宝恒建设有限公司，成了人人羡慕的私企老总。可正当公司迅猛发展、效益蒸蒸日上之时，他又做出了一个令很多同行大跌眼镜的决定：2005年，他放弃自己苦心经营的企业，毅然回到村里，当起了村里的"领头羊"。

2. 要发展，首先要聚人心

任职之初，骆家庄的村集体经济年收入仅501万元，银行贷款却有

骆家庄社区干净整洁的街容

骆家庄社区退役军人服务站

1500万元，每年需支付贷款利息逾200万元。除了经济上的入不敷出，章忠萍看到的还有人心的涣散。村民的意见统一不起来，大家各行其是，没有一个主心骨，各项利于发展的政策和措施都落实不下去。

"当时村里整体氛围很浮躁，就连骆家庄人过去最热衷的端午划龙舟活动，也因为村民散居在外，没有统一组织等原因，渐渐冷清下来。"章忠萍说。他真真切切感受到了村民归属感和凝聚力的缺失。

新官上任的第一把火，他决定"烧"向龙舟。他的初衷很简单：村庄想要发展，统一思想最重要。很快，骆家庄在紫金港河边选定并装饰出一个专门的端午划龙舟码头，村集体每年投入几十万元为每条抵达终点的龙舟披红挂彩……

或许，划龙舟的爱好早已刻入骆家庄人的骨子里。很快，村民们又重新聚集起来，一起被唤醒的还有骆家庄人的团结拼搏精神和集体荣誉感。这件事启发了章忠萍：要留住村庄的"根"，就要让村庄成为每个村民心中的"家"。一个致力于推进城中村治理和发展的念头在他心里萌发。

2007年，章忠萍第一次当选西湖区人大代表。他心里清楚，从此以后，自己的一言一行与千万选民的热情和期盼息息相关。

3. 走向物质和精神并举的共同富裕

怎么让集体和个人一起富起来？

章忠萍和股民代表商量决定，先从农贸市场提升改造入手。那一年，社区收回农贸市场摊位的经营权，进行统一招商、规范管理。这个决定，带动集体经济增收了约700万元。

2013年，骆家庄趁着城西科创大走廊建设的东风，把骆家庄工业园

骆家庄社区党委举行组织生活会

改建成了约5.6万平方米的西溪科创园。工业园原本是一个老旧的工业厂房，驻扎着五金、印刷等低产能、高污染的中小企业。改造后，9幢简约的建筑沿着紫金港河错落排开，灰白色的花岗岩立面和深蓝色的落地玻璃，让这个临河的创业园特别养眼。

当年，在很短的时间里，被文一西路和紫荆文路环抱的西溪科创园就聚集了80多家互联网公司和文化企业，这其中，还有6家拟上市企业和独角兽企业。

通过腾笼换鸟，骆家庄迎来了更大的发展空间，不再只是守着耕地和老厂房了。

为发展集体经济，章忠萍带领全村群众理顺经营关系、推行股份量化、加快转型升级，对原工业园区、农贸市场、沿街商铺进行了一系列改造提升，打造了"一园、一市、两街"的产业格局。任职16年里，章忠萍带着骆家庄社区实现了集体经济年收入突破1亿元大关。

为传承骆家庄特有的乡村文化，重塑老百姓的精神家园，2016年底，章忠萍联合多方，耗资2000多万元建成了一幢面积约5000平方米的综合体建筑——骆家庄文化家园，给老百姓提供了一个体验与传承传统习俗和文化的载体。

以城中村改造为契机，整合城市资源，已经成为促进城市经济发展，加快城市化进程的一种模式。骆家庄"脱胎换骨"的升级，也正是在2015年下半年开始的大规模城中村改造后发生的。

为建设和美家园，提升人居环境，2015年，章忠萍挑起城中村综合整治的沉重担子，带领班子成员走村入户宣传动员、讲明利弊，争取村民的配合。经过一年多的辛勤整治，骆家庄城中村的环境面貌迎来蝶变，成为西湖区乃至杭州市的和美家园典范。

洗尽铅华，骆家庄迎来了重生：餐饮店全部外迁，蜘蛛网般的电线全部入地，小区道路两侧种上了整齐的行道树；过去颜色不一的破旧小楼不见了，居民楼外墙统一刷成了米黄色，空调外机藏进了漂亮的机格中；每户门前画出了停车线，电动车有序停放……骆家庄还引进物业公司，成为骆家庄的新"管家"。

趁着那一年半里的城中村改造，骆家庄开辟出了健康产业街和创业街，社区也鼓励居民参与创业。健康产业街由骆家庄农贸市场及周边的商铺提升改造而来，有近1.7万平方米。创业街则由文一西路西苑一区北侧的沿街商铺提升改造而来，新建了7431平方米的沿街商铺，被称为"杭州城西创新创业基地"。2015年，创业街全年经济收入达到了1200万元，不仅大力推进了骆家庄的经济发展，也为村民们提供了就业和发展的平台。现在，创业街上20%的业主，都是骆家庄的本地居民。

"让居民望得见山、看得见水、记得住乡愁"，这是以人为核心的新型城镇化的要求。今天的骆家庄，正以"都市乡村"的全新姿态展现在世人眼前，这一切，都离不开像章忠萍那样致力于"城中村"治理和发展的探路者的不懈努力。

第二节 和美骆家庄家园建设

近些年来，骆家庄全面启动以红色家园、富足家园、洁美家园、和谐家园、精神家园为支撑的"充满人情味的和美骆家庄"建设，居民生活品质大大提升，幸福感、获得感、安全感进一步增强。

1. 红色家园

社区通过党建引领，凝聚发展，全面推动基层组织创新。激活"党建+"思维，发挥"党建+"力量，深化"六个一"党建引领城乡一体化长效管理新机制。

"六个一"即每天劳动一小时。党委班子成员利用早晨上班前、午休时间或下班后一小时开展小区保洁等劳动，利用碎片化时间庄严践行党员服务承诺，抓示范、正党风，重表率、带民风。

每周一次民情走访。党委班子、支部书记将每周六上午设定为"民情走访日"，场所接访与入户走访相结合，切实做到多进群众门，多听群众声，多做群众事。

每月一次议事协商。以网格自治为基础，每月召开组团式户主议事协商会，分层分类与老百姓畅谈，集民众智慧进行协商决策，实施经合社事务自治管理。

每月一次和美论坛。每月邀请领域专家学者、职能部门领导等"智库"嘉宾与党委、董事会、监事会三套班子和管理工作团队就骆家庄经济发展、社会治理、文化建设、公共服务等转型升级和改革创新事项进行前瞻研讨和思辨交流，提升领导发展和治理创新的能力。

每季一次星级评定。结合构建"和美共同体"的时代使命和初心愿景，形成"先锋指数"考评办法的骆家庄样本，每季开展党员自评互评、支部对标考评、党委复评定级，定期进行指数发布，运用"正向激励+反向警示"双轮驱动，打造最强"红色堡垒"。

每年一次双向述职。坚持基层党建联述、联评、联考机制，深化"向群众述职、请群众评议、让群众满意"三为民活动。每年年终，党委、董事会班子成员分别向街道党工委、办事处和经合社全体党员、股民代表和居民代表开展双向述职述廉，评议结果落实评先评优双挂钩。

党员志愿者开展志愿服务活动

骆家庄股份经济合作社党委书记、董事长章忠萍同志被评为浙江省优秀共产党员

以崇德堂为红色阵地，组织党内民主生活会、"三会一课"、"两学一做"、固定主题党日、和美论坛、微党课等各项活动，邀请理论专家、上级领导、智库嘉宾进行理论宣讲或研讨交流，每年组织党员到红色基地参观学习，开阔视野，提高认识，着力提升党员干部的发展与创新能力。

实行支部建在组团上，以十八个网格为基础，以四大组成为依托，推行支部建在组团上和党员联户包组的机制。

落实党员志愿者服务常态化制度，组织义务服务，为居民群众排忧解难，发挥先锋模范作用。

制定工作人员作风效能问责办法和抽查表，将作风效能细化成5个方面的13条具体考核标准，列出38项明令禁止的行为，完善班子成员绩效考核办法和谈心谈话制度，对各部门工作人员的工作作风、工作纪律进行抽查，进一步加强作风建设。

2. 富足家园

社区在健全组织构架、整理土地资源、清理集体资产、建立配套制度的基础上，进行转型升级，推进产业聚合，形成了"一园一市两街"的产业格局，实现了集体经济快速增长。

发展总部经济、楼宇经济、智慧经济，引进中国建筑设计研究院浙江分公司等一批优质企业，将一个村级园区打造成为省级海内外高层次人才创新创业基地。

推行智慧管理体系，引入智能支付系统，实时采集市场交易数据，同步实现信息公开和溯源追踪功能。2016年，社区被认定为省放心农贸市场示范单位；2018年，被评为杭州唯一一家省智慧农贸市场。

骆家庄率先推进"最多跑一次"改革

规划引进健康业，招商绿色饮食业，引进杭州汇和国际影城，满足了周边8万居民群众的日常生活需求。开辟城西创业创新平台，吸纳骆家庄土菜馆、婴迪贝国际儿童之家、水沐年华沐足等一批企业入驻。

2013—2021年骆家庄股份经济合作社经济收入一览

年度	经济收入（万元）
2013年	2073
2014年	2458
2015年	4527
2016年	6709
2017年	8000
2018年	9109
2019年	10000
2020年	9000
2021年	9300

3. 洁美家园

社区建立健全安全消防管理、治安联防管理、环境秩序管理、业态控制管理、装修违章管控、自治管理等一系列机制和责任制度，环境更加整洁有序。

率先将骆家庄西苑三区19幢农居房改造成为城西知名的酒店式"氧气公寓"。

试点智慧安全监管平台。全区率先实现出租房、沿街商铺等的智慧用电、燃气泄漏报警、烟感器集成的智慧监管系统安装"全覆盖"，运用后台监管大数据，分级同步接收预警报警信息，标准流程落实处置全程留痕，实现隐患第一时间发现，险情第一时间处置，部门第一时间联动。

率先试点准物业化管理，聘请知名专业物业公司进行物业服务。

成功创建了"反邪教示范村社"，打造省级反邪教宣传基地，健全警民联调机制，建立家门口的微型警民联调室，矛盾纠纷调解处理成功率和满意率达95%以上，分流纠纷警情达70%以上。获得2017年度杭州市微型消防站先进单位、西湖区安全社区创建试点单位称号，在区长效管理工作考核中名列前茅。

4. 和谐家园

骆家庄实施民生工程，开展精准服务，提高百姓福祉。

高起点、高标准、严要求建设公共服务中心，率先在全市试点推进"最多跑一次"的"就近办"行政审批服务改革，辐射到文新北部6个社区的20个小区。

做细做实"五大工程"，坚持老年协会制度，满足老年人学习交流娱乐的精神需求；支持创业者对外投资发展，为本地失业人员提供政策咨询、技能培训等方面的帮助，给予灵活就业补助和社会保障补贴；建立卫生、计生服务中心，为居民群众提供医疗保健、计划生育等咨询服务；建立劳动社会保障服务室、帮扶救助家，根据不同层面提供不同服务；推进就近办流动人口管理服务窗口前移，将外来人员纳入服务之中，确保服务不缺位。

完善股民代表大会制度，建立股民代表议事规则和联系机制，开设茶馆、议事厅、口碑墙，确保所有股民享有民主权利。

骆家庄集体福利"五大工程"实施项目

名称	实事项目与举措
助老工程	坚持老年协会制度，重建老年茶馆和老年活动中心； 承担60岁以上股民老年医保参保费用； 发放老年人中秋、春节、重阳的过节费，办寿宴酒； 每年组织老年人旅游（新马、南浔、北京等地）； 老年活动中心和茶馆全年接待老人聚会和其他活动； 举办老年人生日聚会； 每年慰问高龄、孤寒、困难老人
助学工程	建立关爱青少年健康成长协会，建立教育发展基金； 建立"筑梦书屋"图书馆； 创办青少年第二课堂——和美学堂； 开展"龙飞凤鸣、和美骆子"暑期实践活动； 举办新生学前礼仪式活动； 奖励三好学生、优秀高考生； 评选"快乐少年、有为青年的和美之星"活动
助业工程	打造创业街，优先扶持本地居民创业； 出台对外投资管理机制和资金运作制度，支持股东对外投资发展； 为本地失业人员提供政策咨询、技能培训等方面的帮助，给予灵活就业补助和社会保障补贴
助乐工程	建设5000平方米的文化家园； 重建茶馆和老年活动中心； 建立健身中心和排练厅； 重建增福寺和三官堂； 春节七天乐活动期间，请戏剧专业团队演出； 立夏安康活动； 端午节龙舟竞渡、龙舟家宴活动； 腊八节施粥活动； 重阳节祝寿纳福活动； 建立业余文化团队6支，队员200余名

（续表）

名称	实事项目与举措
助医工程	争取建立骆家庄社区卫生服务站； 每年免费为股民进行健康体检，建立成年人健康档案； 城乡医保； 残疾人、精卫人员、老年人意外伤害等参保； 婴幼儿成长测评等； 设立困难户补助基金，对困难家庭成员提供患大病援助； 与城西医院建立合作关系，为居民提供多项医疗服务

5. 精神家园

社区以文化家园为载体，积极弘扬龙舟文化、重阳文化等传统文化，精心组织青少年第二课堂、"和美之星"评选等活动，做优做响骆家庄的超文化品牌。

匠心打造骆家庄文化家园，致力于为社区百姓提供进行民主议事、开展传统习俗、组织文化娱乐的平台和载体。

传承以"龙舟文化"为代表的传统文化，建立龙舟文化馆，将全村32只龙头，以及划桨、锣鼓、龙舟大旗等集中展示，旨在大力弘扬"团结拼搏、勇争一流"的龙舟精神。

挖掘并申报小舟制作技术，绘制完整的骆家庄原村貌图，组建舞龙舞狮队、戏剧业余队，让本土优秀传统文化世代传承、发扬光大。

每年精心组织春节、端午节、重阳节、暑期四大节假日活动，给老人们祝寿纳福拍全家福，暑期给小孩子们赠书评奖，弘扬敬老爱幼的传统美德。

表彰奖励"和美之星"，评选出慈祥老人、贤惠媳妇、有为青年、快乐少年共200位。活动推出以来，骆家庄村民孝亲敬老、团结邻里的积极性被很好地调动了起来，在家庭和社会生活中营造了平等、和睦、友爱的家庭关系，以及团结、互助、融洽的邻里关系。举办暑期实践活动，参加儿童近千人次。建立"筑梦书屋"公益项目和健身中心，开展读书会、座谈会、家庭读书交流会和公益捐书等形式多样的活动，将活动扩大到周边社区居民和外来务工人员等更多群众中。文化家园成为浙江省特色学科调研基地、西湖区同心实践基地等8个基地站点，在省、市、区中均具有较高的影响力和知名度。

力行倡导"崇学明礼"。每年坚持开展以"读书明理、成志于学"为主题的"和美骆子"暑期少儿社会实践营活动和一年级新生行"学前礼"、点"朱砂"、开笔写"人"字活动。对当年的三好学生、高考录

在社区小剧场举行新春音乐会

评选劳动先进个人

取生、暑假学习班中的优秀学员给予奖励，并将18个自然村转型网格的
三好学生奖状在口碑墙上展示，激发孩子的学习动力，营造勉励骆家庄
下一代勤奋好学、争当先进的良好氛围。

骆家庄社区历届"和美之星"评选情况

	慈祥老人	贤惠媳妇	有为青年	快乐少年
第一届（2012）	慈祥老人： 徐金美　骆阿四 胥广叙　王阿堂 王小毛　王志耀 徐言法　陆阿福 陈兰芳　陆小宝	贤惠媳妇： 毛芳燕　邹洪娟 徐金桂　姚峙雷 王银英　杨永美 陆金仙　许国美	有为青年： 徐亚非　胥立奇 王兮楼　王钟辉 王玲玲　徐金君 骆卓成　骆　超 章俊苗	快乐少年： 丁　珏　徐睿杰　徐逸枫 王俊杰　王雨欣　骆玛莉 金竹君　柴梦铼
第二届（2013）	慈祥老人： 包金山　胥文忠 骆延忠　王雪根 骆延德　骆炎福 章荣昌　陆小宝	贤惠媳妇： 骆建美　骆华群 徐雪玉　毛芳燕 徐国娟　王银英 徐文妙　杨利英 滕水芳	有为青年： 章国华　徐　凯 王小明　徐文章 胥忠华　陆云峰 骆建渭　骆利华 骆明海　徐亚非	快乐少年： 徐杭亮　骆奕轩　徐洲彤 包佳颖　章刘焌　吴佳乐 丁　珏　徐　颖　王　莹 陆成涛　金奕敏　柴逸晨 徐睿杰　姚艺雯　包志豪 骆茹男　陈伽辰　骆玛莉 胥晨逸　徐籽彤
第三届（2014）	慈祥老人： 包金山　陆荣财 骆炎福　王小毛 王永泉　胥高荣 胥根寿　徐炳香 徐妙坤　徐叙荣 章荣昌	贤惠媳妇： 骆水和　马福美 蒋月娟　马雪琴 沈小华　王桂凤 徐国英　俞美仙 伊燕燕　郑林娟	有为青年： 金兴萍　王国平 骆建渭　王卫国 徐建忠　骆小明 杨建伟　胥立奇	快乐少年： 骆铠齐　骆圣贤　骆天宇 骆茹男　徐晨杨　包佳颖 陆高婷　王　琦　马宏宇 王凌峰　王雨欣　陆伊晨 骆奕轩　陈伽辰　徐晨凤 徐睿杰　徐天煜　姚艺雯 徐洲彤　席可霏　胥惠轩
第四届（2015）	慈祥老人： 陈延美　马寿坤	贤惠媳妇： 蒋水芝　密卫萍	有为青年： 柴咪娜　胥忠华	快乐少年： 胥　昕　刘羽岑
第五届（2016）	慈祥老人： 徐玉英　张法芝 王根山　徐有坤 陆有珍　徐爱凤 方阿连　陆阿顺 陈甫章　蒋全美	贤惠媳妇： 沈凤芝　郭小彩		快乐少年： 包朱芸　陆佳睿　胥　昕 胥欣妍　徐皓祯　徐朱启 杨卓航

（续表）

				三好学生： 徐籽彤 徐妍悦 金奕文 吕允珩 马欣莹 胥欣妍 骆子君 丁乐怡 骆　杭 徐雯青 骆天宇 徐睿杰 陈　晨 沈李珺 姚馨婷 胥芯冉 徐　航 蒋芯菲 徐杭亮 刘羽岑 蒋　昊 胥　昕 吴佳乐 陆绮文 胥褚悦 陆佳睿 陈筱天 胥孟凡 胥程璐 徐　颖 骆奕婕
第六届 （2017）	慈祥老人： 蒋全美 徐玉英 陈甫章 张法芝 王根山 徐有坤 陆有珍 徐爱凤 方阿连	贤惠媳妇： 沈凤芝 郭小彩	优秀高考生： 王凌峰 胥晨逸 王佳杰 柴梦铼	
			和美少年： 包朱芸 陆佳睿 胥　昕 胥欣妍 徐皓祯 徐朱启 杨卓航	
第七届 （2018）	慈祥老人： 徐玉英 陈甫章 张法芝 王根山 陆有珍 徐爱凤 方阿连 陆阿顺 马寿坤 章阿泉 包阿满	和美家庭： 王国明 骆延德 钱水林 王广兴 陈土根 杨建伟 徐建华 陆江北 徐金炜 章阿泉	和美婆媳： 王菊芬 徐云飞 郑林娟 孙谷珍 钱连芝 杨利英 傅小琴 陈兰芝 骆华群	优秀高考生： 丁　珏 骆　杭 徐天煜 王思远 骆盛昂
	和美少年： 徐妍悦 鲍铭轩 骆鑫颜 徐皓祯 王　逸 马欣莹	三好学生： 包云天 徐睿杰 傅梓瑄 徐汤宁 沈李珺 梁　哲 陆佳睿 王皓祺 姚馨婷 骆天宇 王子皓 徐杭亮 徐柳婷 骆玛莉	包睿涛 方语涵 刘思彤 包　涵 陆琰希 陆西瑶 陆梓妍 骆好涵 金　昕 蒋　昊 蒋芯菲 卫子墨 骆奕勋 金奕文 胥　昕 刘羽岑 徐妍悦 马欣莹 包亦涵 胥孟凡 徐　航 徐籽彤 郑雪儿 王　莹 骆　杭 王思远 王　珏 金竹君	

骆家庄社区各类先进评选

评选项目	年份	获奖名单
老年工作积极分子	2012年	徐小毛　骆延忠　王广兴　骆正黄　包金山　刘永春　骆炎福
	2013年	王广兴　徐小毛　陆金海　陈学政　徐永兴　徐长生　章美英　刘永春　包雪尧　徐妙坤　王永泉
党员积极分子	2013年	徐智宇　金兴萍　胥惠平　刘永堂
优秀员工	2013年	包红燕　骆沈芳　姚志根　陈晨曦
	2014年	徐国民　骆红梅　姚志根　徐文英　包红燕　骆水娟
优秀股民代表	2013年	包志平　徐文孝　包顺泉　徐水泉
	2015年	徐　凯　骆勇跃　丁永根　骆林春　柴茂强
先进集体	2014年	骆家庄老年协会
文艺积极分子	2014年	戚水珍　蔡　玲　陈来芝　陈桂风　陆雪美　金法娥

（续表）

评选项目	年份	获奖名单
先进员工	2015年	包金昌　骆水娟　徐　凯　胥文霞　包红燕　包志平
先进部门	2015年	一等奖：办公室　招商办 二等奖：财务室 三等奖：公共服务站　农贸市场
优秀党支部	2015年	骆家庄股份经济合作社第四党支部
星级党员	2015年	章美英　胥文霞　骆水娟　王阿堂　周景伟　殷彩娟 胥水法　胥李清　王忠富　陆银龙　徐小青
老年先进工作者	2017年	徐水泉　徐永泉　胥根寿　徐叙坤　骆延德　骆延忠 张阿炳　胥贵玉　胥文忠　王寿洪　王广兴　王小毛 王土根　骆顺美　徐永兴　鲍林昌　陆金海　柴忠标 陈学政　刘永春　骆正贵　浦培兴　包雪尧　徐小毛

骆家庄社区历年暑期实践活动一览

时间	活动项目
2013年	"星光典礼"——2013年度7岁开学礼仪活动 "我爱我家"征文比赛颁奖 2013年骆家庄三好学生颁奖 2013年高考生一批、二批颁奖
2014年	"阳光假期，快乐成长" ——暑假开学典礼、《千家诗》、绘画活动、舞蹈培训、拳术活动

（续表）

时间	活动项目
2015年	"为爱上色 放飞梦想" ——暑假开学典礼、暑期课程安排、星光颁奖典礼
2016年	"欢乐暑假 成长一夏" ——暑期开学典礼、兴趣课程、星光颁奖典礼、7岁开笔礼活动、骆家庄卡拉OK比赛"花开的声音"
2017年	勤学苦练 健康成长 ——兴趣课程、暑期开学典礼、军训体验活动、青少年辅导学习、社会实践活动、表彰大会、7岁开笔礼活动
2018年	"龙飞凤鸣·和美骆子" ——暑期实践活动（7月3日—8月9日）：军事体验、兴趣培养、和美小论坛、红色之旅、个人风采大赛、颁奖典礼、汇报演出

骆家庄和美学堂新生学前礼

第六章　声名远播

　　骆家庄历史源远流长，虽然曾被城市的洪流裹挟、冲击，但却顽强地保留了主体，成为乡村文化和城市变化融为一体的典型，成了杭州城里一个著名的"城中村"，一如今天，繁华兴盛。

　　乡村反哺城市文化，城市提升乡村文化品质。构建"城中村"转型文化，寻找都市生活的乡愁记忆，这样的城乡互动，成为骆家庄这类城市近郊村"撤村建居"后文化建设的优势，也引得各路媒体纷至沓来，一探骆家庄的内在魅力。

博士18.8万，清北16.8万，前三所重高0.8万！杭州骆家庄重金奖学霸，当真？

（来源：钱江晚报·小时新闻　时间：2021年7月12日

记者：方　力　通讯员：樊燕飞）

考上名牌大学就能获得万元奖励。

这几天，杭州萧山某村出台的学霸奖励政策，在朋友圈热传。今天（7月12日）有网友给钱江晚报小时新闻爆料，杭州城西骆家庄奖励学习好的学子力度更大。中考考入杭二、学军、杭高奖励0.8万元，考入其他前八所重点高中的奖励0.3万元；取得博士学位的，奖励18.8万元创业金；高考考入北京大学和清华大学的，奖励16.8万元创业金；考入其他985、211大学的奖励6.8万元创业金。

这事是真的吗？小时新闻记者进行了核实采访。骆家庄社区相关负责人说，这个消息属实，这是社区刚刚发布的一项优秀学子奖励政策，力度空前。"我们和一般的城市社区不同，以前是村庄。村里有集体经济，也就是骆家庄股份经济合作社。奖励金由经济合作社出，奖励对象限定为骆家庄户籍的股民。"骆家庄的股民青少年，村里统称他们为"骆子"。为了培养优秀的"莘莘骆子"，骆家庄成立了和美学堂，每年都要开展青少年暑期社会实践活动。

这位负责人说，对优秀的"骆子"进行奖励，已经成了一项传统，持续十多年了。"以往三好学生以及考上大学的学子，奖励三千到五千元。到了今年，奖励的力度加大不少。"

7月9日，和美学堂举行"龙飞凤鸣·和美骆子"暑期社会实践班的开学典礼。典礼上，正式发布了这个奖励政策。比如首次对考取博士学位的学子给予创业奖励，奖金达到18.8万元。针对高考生，也推出了不同梯度的奖励，其中考入北京大学、清华大学的奖金最高，达到16.8万元。

为什么奖金这么高？"少年强则国强，为了让更多孩子成为尊老爱幼、崇德尚艺的模范生，能够好好学习、天天向上，今年我们决定加大奖励力度。"负责人表示，具体的奖励方案，经过骆家庄社区党委、董事会表决通过，并在社区公示后正式出台。

据介绍，开学典礼后，孩子们将在两个月时间里接受爱国主义教育，一起聆听教育讲座，进行兴趣沙龙、社会实践、红色研学之旅。此外，还要评选五星少年，举行新生入学礼、星光颁奖典礼。

"新生入学礼是给幼儿园升入小学的孩子们办的，在星光颁奖典礼上则会集中给优秀学子们颁发奖励，这两个在8月举行的仪式，我们都会办得认真且隆重。"这位负责人说。按照以往的情况，骆家庄每年参加中考的大概30人，参加高考的10人左右。

"从我们目前摸底情况来看，今年考取博士的学子没有，高考能考入清华、北大的学子没有，考取985、211高校的也非常少，其他情况还在统计中。我们很期待，将来有更多骆家庄学子能够得到奖励。"

"新杭州人一件事"平台上线　西湖区文新街道推进党史教育

（来源：美丽西湖　时间：2021年4月22日　记者：方梦婷）

西湖区党史教育系列活动正在如火如荼开展，4月21日上午，文新街道"永远跟党走　奋进新征程"活动在骆家庄文化家园一楼文化礼堂举办，200余人齐聚一堂，重温党的历史，传承红色基因。

除了党史教育中的诗歌朗诵、赠送书籍环节，在此次活动中，还介绍了今年西湖区第一个试运行的民生综合体，宣布了"新杭州人一件事"最小颗粒化应用场景平台上线，全面践行"学党史、践初心、办实事"理念，打造出一场别开生面的党史教育活动。

骆家庄组织开展"不忘初心 牢记使命"主题教育活动

倾听感悟　共同回望

本次活动专门邀请了浙江省政协原主席、党的十九大代表李金明来作党史教育专题讲座。

在主题讲座中，李金明用了近一个小时的时间，谈了《习近平在浙江》采访实录中的感悟，以及如何在习近平新时代中国特色社会主义思想指引下，发扬中国共产党百年优秀传统，建设社会主义现代化国家，引发台下阵阵掌声。

践行初心　办好实事

回顾历史、传承精神的同时，办好实事、践行初心也是党史教育的重要环节。

活动中，由区委书记高国飞、区人社局局长马利军、文新街道党工委书记郑福良上台启动"新杭州人一件事"最小颗粒化应用场景平台。

骆家庄数字平台

据悉，用户只需关注"杭州和美骆家庄"微信公众号，点击下方服务菜单，即可办理相关业务。该平台内设入杭一键办、我要租房、社区服务三个板块，通过数字技术，让需求对接、服务定制、部门协同、数据集成，解决"新杭州人"刚入杭时人地两生，办事难、租房难、融入难等问题。

学习党史　领会精神

《百年航程》诉说辉煌历史——6名诗歌朗诵爱好者和5名星洲小学学生开展了诗歌朗诵活动。

诗歌朗诵者声音浑厚饱满，小学生们稚嫩青涩，两者交替，传达出共产党百年征程的艰辛与在新征程的道路上创造新辉煌的决心，象征着红色基因、薪火相传，用激情昂扬的朗诵声回望百年党史，礼赞百年风华。

随后，在掌声雷动中，"读红色书籍，悟初心使命"的红色书籍赠书仪式开始，区委常委、宣传部部长吴向前将《习近平论中国共产党历史》等红色经典书籍，赠送给了现场辖区社区、两新组织和共建单位代表，提升基层居民的使命意识。

骆家庄民生综合体试运行

在活动中，还宣布骆家庄民生综合体试运行。据介绍，该综合体共有三层，面积5000余平方米，内设有老年食堂、百姓健身房、文化大礼堂等。基本涵盖了助老、健康、活力、教育、治理、生活、至善等七大基本功能空间，打造社区小脑和乡愁文化等两个特色化空间。

除了基本功能服务以外，民生综合体还有其他特色——社区小脑、乡愁文化，利用骆家庄"全国思想文化宣传点"的金字招牌，强调传统文化的提炼和宣传，以特色文化活动凝聚民心；在二楼设置了龙舟文化馆和乡愁记忆馆，收藏了18个自然村的30余条龙舟的龙头和骆家庄的老照片、老物件，唤起居民"同根同源"的文化认同。

扫小票可溯源　杭州对农贸市场进行智能化提升

（来源：央广网浙江频道　时间：2020年9月24日

记者：张国亮　通讯员：陈小明　李　姮　蒋　旻）

在浙江省杭州市滨江区彩虹农贸市场一楼，一家酥鱼店面向顾客一面全部用透明玻璃做门面，炸鱼的全过程都看得一清二楚。今年以来，这家农贸市场以创建"五化"（便利化、智慧化、人性化、特色化、规

骆家庄农贸市场

范化）市场为载体，提升市场的软硬件设施设备，引进了各类业态，满足周边居民日常采购和生活需求。整洁宽敞的通道，市场里水产区、蔬菜区、就餐区、科普区等各大功能区配套设施一应俱全。

据介绍，这是一座以"彩虹"为设计主题的智慧化农贸市场。市场在智慧化方面特点突出，引进信息化智慧管理系统，门口安装红外热成像测温仪，每个摊位前都设置了菜价、商户信息、支付方式集成屏幕，人手一个手机，或是扫码支付或是查看食品源头，后台可以进行人流量、营业交易额等大数据分析，帮助市场进行智慧管理。市场标配的检测室可为消费者提供"你点我检"、菜品追溯、农残检测等服务，每日检测结果在市场门口的大数据智慧显示屏实时公布，消费者可通过触摸屏随时查询商品菜价、商户信息、监测信息等相关内容。

此外，该市场在休闲就餐区设置了食品安全科普小天地，五彩缤纷的地贴、吊旗让就餐区更美观，还能宣传科普食品安全和营养知识。

同时，彩虹农贸市场设置了便利化的导购功能，楼层导购图清晰规范，为消费者提供便利的购物引导。市场西侧进门处有"10元理发"，设置了便民服务角等；还提供共享充电宝、共享雨伞、轮椅等服务。杭州市市场监管局相关负责人表示，下一步，市场还将设置政务服务机，让市场经营户和市民可以就近办理政务相关业务。

据悉，农贸市场和专业市场服务大提升被列入今年杭州市公共场所服务大提升重点项目，杭州市场监管部门联合相关部门出台《农贸市场和专业市场"五化"提升行动方案》，推动参与创建的市场从硬件设施、管理运营等方面进行整体提升，到10月底，杭州市将有40家农贸市场和专业市场完成提升。其中，杭州骆家庄农贸市场，作为全省"五化"市场创建试点，构建一中心、一平台、四系统的"114"管理体

央广网

要闻 财经 军事 文化 教育 科技 旅游 家居 健康 公益 地方 民族

浙江频道 > 杭州播报

扫小票可溯源 杭州对农贸市场进行智能化提升

2020-09-24 17:04:00 来源：央广网浙江频道

央广网杭州9月24日消息（记者张国亮 通讯员 陈小明 李嫣 蒋旻）在浙江省杭州市滨江区彩虹农贸市场一楼，一家酥鱼店面向顾客一面全部用透明玻璃做门面，炸鱼的全过程都看得一清二楚。今年以来，这家农贸市场以创建"五化"（便利化、智慧化、人性化、特色化、规范化）市场为载体，提升市场的软硬件设施设备，引进了各类业态，满足周边居民日常采购和生活需求。整洁宽敞的通道，市场里水产区、蔬菜区、就餐区、科普区等各大功能区配套设施一应俱全。

据介绍，这是一座以"彩虹"为设计主题的智慧化农贸市场。市场在智慧化方面特点突出，引进信息化智慧管理系统，门口安装红外热成像测温仪，每个摊位前都设置了菜价、商户信息、支付方式集成屏幕，人手一个手机或是扫码支付或是查看食品源头，后台可以进行人流量、营业交易额等大数据分析，帮助市场进行智慧管理。市场标配的检测室可为消费者提供"你点我检"、菜品追溯、农残检测等服务，每日检测结果在市场门口的大数据智慧显示屏实时公布，消费者可通过触摸屏随时查询商品菜价、商户信息、监测信息等相关内容。

此外，该市场在休闲就餐区设置了食品安全科普小天地，五彩缤纷的地贴、吊旗让就餐区更美观，还能宣传科普食品安全和营养知识。

同时，彩虹农贸市场设置了便利化的导购功能，楼层导购图清晰规范，为消费者提供更便利的购物引导。市场西侧进门处有"10元理发"，设置了便民服务角等；还提供共享充电宝、共享雨伞、轮椅等服务。杭州市市场监管局相关负责人表示，下一步，市场还将设置政务服务机，让市场经营户和市民可以就近办理政务相关业务。

据悉，农贸市场和专业市场服务大提升被列入今年杭州市公共场所服务大提升重点项目，杭州市市场监管部门联合相关部门出台《农贸市场和专业市场"五化"提升行动方案》，推动参与创建的市场从硬件设施、管理运营等方面进行整体提升，到10月底，杭州市将有40家农贸市场和专业市场完成提升。其中，杭州骆家庄农贸市场，作为全省五化市场创建试点，构建一中心、一平台、四系统的"114"管理体系，成为全省首个5G物联智控的农贸市场。

"五化"提升中，老市场借助智慧化改造，迎来新一轮发展。到2022年亚运会前，杭州市五星级、四星级农贸市场和专业市场将实现"五化"达标全覆盖，全市80%以上的城区三星级农贸市场和专业市场达到"五化"标准。届时，家门口一个个新建或改造的市场将以崭新的面貌与居民见面。

编辑：范雨婷

网页一览

系，成为全省首个5G物联智控的农贸市场。

　　"五化"提升中，老市场借助智慧化改造，迎来新一轮发展。到2022年亚运会前，杭州市五星级、四星级农贸市场和专业市场将实现"五化"达标全覆盖，全市80%以上的城区三星级农贸市场和专业市场达到"五化"标准。届时，家门口一个个新建或改造的市场将以崭新的面貌与居民见面。

骆家庄农贸市场数字化大屏

骆家庄的重阳家宴，来了750位老人

（来源：《钱江晚报》 时间：2019年10月7日 记者：章 然）

八十张铺着大红桌布的圆桌依次排开，老人们围坐聊天嗑瓜子。酒桌前排大屏幕播放着暖场片，喜庆的音乐循环播放……

这是骆家庄社区给老人们献上的重阳节大礼，前几天，750位老人齐聚在骆家庄社区文化礼堂，参与骆家庄2019年重阳联欢会。上台表演、下台聊天，他们欢笑的身影不像是城市中的社区邻居，更像是其乐融融的一家人。

席开80桌，每桌18个菜1道汤，六大菜必不可少；

演出节目由老人自编自演，已经坚持了13年；

骆家庄的重阳家宴，来了750位老人；

98岁奶奶连人带座位被抱下舞台；

老年模特队身姿挺拔不输年轻人；

这是一场老年人的聚会，年纪最大的奶奶98岁。

在颁布和美长者奖项时，年龄超过90岁的社区老人都获得了这个荣誉。他们颤颤巍巍地站起来，社区工作人员或挽或扶，哄着老人们落座，像对待小孩一样。下台时，最年长的奶奶站不起来，两位社区人员一左一右，直接把老人连人带椅子一起搬了下去。

现场的老人们被这一幕逗得哈哈大笑。"社区人员经常抱老人的，时间长次数多，都练出肌肉啦。"一位老人说。

老年模特队登场的时候，观众眼前一亮。爷爷们换下宽松的家居

服，西装革履走起台步。奶奶们换上旗袍，撑起纸伞，挺直的后背、匀称的身材，美感一点也不输年轻人。

模特队的成员都是社区里的退休老人，不只是老年模特秀，当天所有的重阳节节目，全部由老人们自编自演。

活动现场成立了第一届骆家庄文化艺术团，团长杨矮法是一位72岁的"文艺迷"。"我喜欢小品、舞蹈、乐器，社区给我舞台去展示，我感觉特别幸福。每周还可以免费吃馄饨，免费洗澡修脚，社区福利特别好。"杨矮法说。由社区出钱送70岁以上的老人出国旅游，杨矮法享受福利去了马来西亚、新加坡。

坚持了13年的重阳家宴，老味道"六大菜"不能少。

前台在风风火火表演节目，后厨的骆建新有条不紊地备菜。

骆建新是土生土长的骆家庄人，平常承包酒席。他做重阳家宴的厨师长已经13年了，对他来说，整个家宴流程熟悉得像刻在脑子里。

"我提前一个星期就不接外面的单了，专心开始做重阳家宴。每年家宴的菜要重新选过，选菜的标准一是菜不能太难嚼，海鲜类就没有，二是要保留骆家庄的老味道，猪肉、河鲜要备足。"

看了一眼今天的菜单，18个菜1道汤，六大菜是必不可少的——东坡肉、清汤鱼圆、老鸭煲、家乡鸡、肉圆、清蒸草鱼，每一年都会保证和上一年的菜不同，但六大菜会坚持上。这次宴会共80桌，一桌11人，上菜也别出心裁，社区工作人员穿上厨师服，排成一排七八个人，按顺序上菜。"光厨师服我就备了80件，方便上菜走秀。"骆建新说。

看着现在的重阳家宴场面宏大，是经济条件变好了啊，记得2006年刚回来做重阳家宴，那时候的家宴是走穴形式的。"租别人的棚子，借用仓库，让老人们聚在一起吃个饭。"骆建新说，"人数也没现在多，大约60桌，刚退休的老人会申请自愿来帮忙备菜，虽然条件艰苦，但老人们在一起庆祝很开心。"

直到2016年，骆家庄建设了文化礼堂，这场老人们的聚会终于有了固定场所。

现在的重阳家宴，一年比一年红火，一年比一年人多。"去年76桌，今年80桌，是人数最多的一次了。"骆建新说，"我们家宴的地点升级了，菜品升级了，大家的幸福感也升级了。"

骆家庄社区党委书记章忠萍说："多年来，社区十分关注老年人的身心健康和起居生活。我们社区是从城中村发展而来的，尊老是我们的乡风传统，我们想延续下去。社区对老人照顾，老人们也自愿加入社区管理，形成了一个良性循环，整个社区像一个大家庭，大家的幸福感也会提升。"

搭起灶搬来锅，众筹一锅好吃的立夏饭，杭州这地方的立夏"特别好吃"

（来源：《钱江晚报》 时间：2019年5月6日
记者：黄 莺 通讯员：郑佳秋 陆佳程）

立夏，是个必须"吃"起来的节气，除了甜口的乌米饭，还有咸口的立夏饭。

不过，在立夏的时节里，为什么没有甜咸之争夺？朋友圈里既晒了乌米饭，又晒了立夏饭的小伙伴们会骄傲地回答——早上吃妈妈烧的乌米饭，中午出门吃立夏饭，一点也不冲突。

所以，立夏啊，真是个吃货的好时光。在杭州城西，老底子西溪湿地附近的居民们烧立夏饭的"仪式"流传了下来，如今在不少小区，甚至是写字楼，立夏这一天都要在院子里烧立夏饭。

一大早，鲜笋、咸肉切丁，豌豆或者是蚕豆剥好，有些人家还会加上土豆，然后在院子里搭好灶台，烧起灶头，还有老底子的大号铁锅也搬出来了，立夏饭就烧起来了。平时上班族中午都要小睡一会儿，这一天离家近的回家去吃立夏饭了，老人家们还会叮嘱一句："立夏饭可不能在屋里吃，得在外面吃完再回屋！"

"我们老底子的规矩，立夏饭是不能在屋子里烧的，搭灶头一定要搭在屋外，吃也要在屋外面吃好。"住在蒋村花园的王女士说。为什么不能进屋吃立夏饭？大概和饭里的豆子有关系。

"我记得小时候，立夏饭的豆子都是要小孩子去别人家的地里摘来

搭起灶搬来锅，众筹一锅好吃的立夏饭，杭州这地方的立夏"特别好吃"

钱江晚报

发布时间 19-05-06 17:10 钱江晚报官方账号

浙江24小时·钱江晚报记者 黄莺 通讯员 郑佳秋 陆佳程

立夏，是个必须吃"起来"的节气，除了甜口的乌米饭，还有咸口的立夏饭。

不过，在立夏的时节里，为什么没有甜咸之争呢？朋友圈里晒了乌米饭，又晒了立夏饭的小伙伴们会猜测的回答——早上吃妈妈烧的乌米饭，中午吃立夏饭，一点也不冲突。

所以，立夏时，真是个吃货的好时光。在杭州城西，老底子西溪湿地附近的居民们烧立夏饭的"仪式"一直保存了下来，如今在不少小区，甚至是写字楼，立夏这一天都要在院子里烧立夏饭。

作者最新文章

相关文章

科普：米线与米粉的区别

一大早，鲜笋、咸肉切丁，豌豆或者是蚕豆剥好，有些人家还会加上土豆，然后在园子里搬好灶台，烧起灶头。平时中午要小憩一会，这一天却要在灶台旁吃起立夏饭了，老人家们还会叮嘱一句："立夏饭不能带回家里吃，得在外面吃完再回家！"

"我们老底子的规矩，立夏饭是不能在屋子里烧的，搭灶头一定要搭在屋外，吃也要在外面吃的。"住在蒋村花园的王女士说，为什么不能中午吃立夏饭，大概和饭里的豆子有关系。"我记得小时候，立夏饭的豆子都是要小孩子去别人家摘来的地里摘来的，不能是自己家摘的，还不能被人家发现，大概不能吃到偷吃的原因就是图个豆一年不正。"

在蒋村花园小区，居民们一大早在家吃完乌米饭，就出门来烧立夏。王女士说，因为是搭出来的灶头，已经住在公寓房里的人家不可能一家一户自己烧了，都是村里相熟的小伙伴们一起组织搭伙，有时候是三五户人家"众筹"一个灶头，你家出一点米，我家出一点菜，他家出一点油……关键是一起出来过个有仪式感的立夏，就是开心一下。

"联络感情也很重要，我家参与两个灶头的合营，我妈妈有我妈妈的活动圈子，我有我的小伙伴，各自吃各自的，各自开心。"王女士说，一年一次很有传承感。

而在蒋村街道的写字楼园区，这一天土生土长的保安保洁师傅们也烧起来立夏饭，请五期四周来的写字楼工作人员，尝一尝当地的蒋村立夏饭，不同于其他地方，蒋村的立夏饭可是大有讲究，鲜嫩的野笋丁，清香的蚕豆，鲜香的肉末意成一锅香喷喷的糯米饭。

"灶台平时肯定是不允许搭的，也就是今天特殊，我们早上9点多开始准备，就有好多人来围观了。这样升外头搭灶头，烧火，都是很多白领小时候的回忆，甚至很多90后多说没吃过这样野外的大灶头。这样烧出来的饭因为火灶，特别有种焦火味，觉得超级好吃。"卖罢了一早上，烧了三大锅立夏饭的蒋师傅觉得很研究，因为一盒子一盒子孩的立夏饭很快扫，而且迎来了满满的好评，甚至在西溪银座的业主群中，还有业主表示，感觉遇到了全世界最有爱的职业。

而在文新街道的骆家庄里，还专门举行了一个"立夏饭"的比赛，9支队伍9口锅，看谁家的立夏饭烧得最好吃，同样的食材都是蚕豆、咸肉、笋丁还有考验的就是豆子的水平，还有队伍的参赛选手不慎工本把蚕豆烧成了豆瓣，为了让豆子饭起来更香。

评委们的打分也很纠结，"其实还是有些不一样的，比如咸淡不同，或者油是不是加多了，太重了。"一位评委说最后拿到第一的队伍，赢在了米上，"因为米不能像纯糯米的，第一名就是因为糯米和普通大米混在一起的，第一名就是因为糯米和米的比例特别说，烧出来的米饭就说正好。"

你的立夏，是不是也这么好吃？

的，不能摘自己家的，还不能被主人家发现，大概不能进屋吃的原因就是这个豆'来路不正'。"

在蒋村花园小区，居民们一大早在家吃过乌米饭，就出门烧立夏饭。王女士说，因为是搭出来的灶头，已经住在公寓房里的人家不可能一家一家自己烧了，都是村里相熟的小伙伴们组织一起搭伙，有时候是三五户人家"众筹"一个灶头，你家出一点米，我家出一点菜，他家出一点油……关键是一起出来过个有仪式感的立夏，一起开心一下。

"联络感情也很重要，我家参与两个灶头的合资，我妈妈有妈妈们的活动圈子，我有我的小伙伴，各自吃各自的，各自开心。"王女士说，一年一次很有传承感。

在蒋村街道所辖的写字楼园区，这一天土生土长的保安、保洁师傅们也烧起来立夏饭，请写字楼里来自五湖四海的工作人员，尝一尝当地的蒋村立夏饭，不同于其他地方，蒋村的立夏饭可是大有讲究的——鲜嫩的野笋丁、清香的蚕豆、鲜香的咸肉煮成一锅香喷喷的糯米饭。

"灶台平时肯定是不允许搭的，也就是今天特殊，我们早上9点多开始准备，就有好多人来围观了。这样在外头搭灶头、烧火，是很多白领小时候的回忆，很多90后也没吃过这样野火的大灶头，这样烧出来的饭因为火猛，有种特别的烟火味，觉得超级好吃。"辛苦了一早上，烧了三大锅立夏饭的蒋师傅觉得挺骄傲，因为一盒子一盒子装好的立夏饭供不应求，而且收获了满满的好评，甚至在西溪银座的业主群中，还有业主表示"感觉碰到了全世界最有爱的物业"！

在文新街道的骆家庄社区，还专门举行了一个烧立夏饭的比赛，9支队伍9口锅，看看谁家的立夏饭烧得最好吃，食材同样都是蚕豆、咸肉、笋丁还有糯米，考验的就是选手的水平，还有各个队伍的参赛选手不惜工夫把蚕豆剥成了豆瓣，只为了让豆子烧起来更香。

评委们打分时也很纠结。"其实还是有些不一样的，比如咸淡不同，或者是不是油加多了。"一位评委说。最后拿到第一名的队伍，赢在了米上。"因为米不能是纯糯米的，要和普通大米混在一起，第一名就是因为糯米和米的比例特别好，烧出来的米饭软硬正好。"

你的立夏，是不是也这么好吃？

杭州骆家庄有个私人开的免费公厕　设施一应俱全，还有专职保洁

（来源：浙江在线　时间：2017年11月14日

记者：黄　莺　通讯员：陆佳程）

杭州有那么多的公共卫生间，你是否想过会有一间是私人开设的？而且免费！

有马桶、小便池、洗手池、洗手液、指路牌，还有专人每天定期打扫——这间私人开设的公用卫生间就在杭州城西骆家庄西苑一区内，位于小区最南端9幢的二楼，主人是62岁的章忠林。

为什么会给大家设立一个公用卫生间呢？

为小区整治装修工人提供临时"方便"触发了这个念头。

骆家庄西苑一区是个改造过的城中村，家家都是小洋楼，很多房间都出租了。

这个卫生间在小区里挺有名气，随便问问附近的人，小区哪里有卫生间，当地的居民可能会给出两个答案：一个是"你来我家吧"；另一个就是指着南面的位置说，"9幢东面有个公用的，你看指示牌，或者再找人问问"。

顺着居民的指路，很容易找到9幢。9幢最南面的房子门口就挂着一块显眼的塑料牌，上面写着"卫生间请上二楼"，还有男女的标识。往里面看，农居房内已经全部装修成了出租屋的模样，各间房都有独立的房门。沿着走道楼梯到了二楼，另一个指示牌出现了——"卫生间请转

弯"。略一转身,一个亮着灯的公用卫生间就在那里。

整个房间不大,也就2平方米左右,但是分设了马桶、小便池、洗手台,还有个架子专门用来给上厕所的人放包和其他杂物。这里还供应洗手液,贴着一些卫生间常用的标语——"私人公用卫生间,便后冲洗文明使用""手纸请放纸篓里,便后请用水冲洗",等等。

"本来我还提供卫生纸的,但是消耗量太大了。有些人太浪费,我有时候来不及倒,废纸篓就满了,还有人把纸扔在地上,太脏了。后来我就不提供手纸了……"章忠林说。

为什么会想到在自己家设这样一个公用卫生间呢?

"去年,我们这里进行外立面改建,违章建筑全部拆掉,做外环境整治。我就趁机做了内部装修,当时房子里卫生间什么的都没有。有一次,我正好撞到一个装修工人在我房间里'方便'。我当时不太高兴,就问他我房子还没装修好,你怎么就来'方便'了。"章忠林说,当时装修工人也觉得很难为情,说是这里没有公用卫生间,要出小区才有,实在等不及了……

章忠林仔细想了想,自己小区还真没有个公用卫生间,要说在哪里造一个,好像也没地方可以造,"我就想,反正地方也不大,直接造在自己家不就好了"。

于是,这个2平方米的特殊小屋就出现了。

标准配置,安装摄像头,还请保洁阿姨每天打扫卫生。

"一楼有点舍不得的,都可以当门面出租,就放在二楼。我就从原来的房间里割出一块来,也不影响周边几间房的出租。"章忠林说,为了这个卫生间,他也花了不少心思,"要尽量干净,才能做得长久。"

从设计上,章忠林就考虑到很多细节。"男女尽量分开,而且得有

人民网 people.cn

人民网 > > 三峡

杭州骆家庄，有个私人开设的免费公厕

黄莺

2017年11月14日08:17 来源：钱江晚报

杭州有那么多的公共卫生间，你是否想过有一间是私人免费开设的？

有马桶、男士小便池、洗手池、洗手液、指路牌，还有专人每天定期打扫——这间私人开设的公共卫生间就在杭州骆家庄西苑一区内，位于小区南端9幢的二楼，所有人是62岁的章忠林。

为什么会私人设立一个公用卫生间？有用吗？又会遇到什么事呢？

2平方米的公共卫生间
是私人造的

骆家庄西苑一区是个改造过的城中村，家家都是小洋楼，很多房间都出租了。

而这个卫生间在小区里挺有名气，随便问个小区哪里有卫生间，当地的居民可能会给出两个答案"你来我家吧"，另一个就是指着南面的位置说，"9幢东面有个公用的，你有指示牌，或者找人问问。"

顺着居民的指路，找到9幢，最南面的人家门口就有一块显眼的白色反光塑料牌，上面写着"卫生间请上二楼"，还有男女的标识，农居房内已经全部装修成白色出租型的模样，各间房都有独立的房门。沿着楼梯到了二楼，另一个指示牌出现了"卫生间请转弯"，略一转身，一个亮着灯的公用卫生间就出现了。

整个房间不大，就2平方米，章忠林说，但是也分个马桶、小便池、洗手台，还有个架子专门放杂和其他杂物。这里还供应洗手液，贴着一些卫生间常用的标语"私人公用卫生间，便后洗文明使用"、"手纸请放篓里，便后请用水冲洗"等等。

"本来我还提供卫生纸的，但是消耗量太大了，有些人太浪费，我有时候来不及供，废纸篓就满了，有人把奶放在地上，太麻烦了，我就不提供手纸了，大家也不浪费了。"章忠林说。

为什么会想到在自己家设立这样一个公用卫生间呢？

"去年，我们这里外立面改建，违章全部拆除，做外环境整治，我就趁机做了内部的装修，当时房子里的卫生间什么都没有，然后正好撞到一个装修工人在我房间里'方便'，我当时不太高兴，就问他我房子还没装修好，你怎么就来'方便'了。"章忠林说，装修工人也觉得很为情，说房间还没有个公用卫生间，要出小区才有，实在来不及。

章忠林仔细想了想，自己小区还真没有个公用卫生间，要设哪里建造一个，好像也没地方可以造，"我就想，反正地方也不大，直接造自己家不就好了。"

于是，这个2平方米的特殊小屋就出现了。

有洗手池洗手液
原先还提供卫生纸

"一楼有点舍不得的，都可以当门面出租的，就放在二楼，从原来的房间里要割出一块来，也不影响周边几间房的出租。"章忠林说，为了这个卫生间，他也画过心思，"要尽量干净，才能做得长久。"

从设计上，他就想了很多，"有个小便池，男女尽量分开，减少尿溅到地上的几率；我这里的瓷砖铺得比我自己房间里的都要好，就是看起来亮堂、干爽。"而一边的架子也是方便地放东西的，另外还放了一些卫生间的清洁用品。

"洗手池也要的，虽然有水费，但是大家都要讲卫生的。这个不多了，我也不计较。"章忠林还请了一个钟点工，"原来帮我们打扫楼梯和公共区域卫生的，隔天来一次，现在就让她每天都来打扫一次卫生间，地扫扫，然后垃圾桶清清干净。每个月也加了她钱。"

其实这些都是小事，没想到的是，为了这个卫生间，章忠林专门配了一套安保设备。

他指着走廊里的摄像头说："每个楼层配一个，外面配几个，一共十个。"

为什么一个2平方米的卫生间，要配上十个摄像头？

"公用卫生间要24小时开放，我这个卫生间放在2楼，楼下大门就不能关，那我要对楼上楼下的租客负责的，所以配套安保设备，大家都安心。"章忠林说。

人走不冲水、马桶堵的时候
也不得不关了这个卫生间

这样一个公用卫生间也会有其他很多公共卫生间的问题，"马桶会堵，有些人爱蹲在马桶上，不愿意坐；有些人会不冲水；有时候会弄得很脏。"章忠林说，他看到卫生间很脏的时候，也常常自己打扫，一头雾水，一边心里发牢骚，也想过关掉算了，但是转念一想，还是方便了很多人的，做好事的开头就误会过持。

"我后来找了很多清洁剂，也减少了自己打扫卫生间的难度。"他拿出一罐管道清洁剂，"这个好用，一般堵塞，倒下去等一等，就能冲掉了。"

来自河南信阳的晁大姐，是这个卫生间的保洁员。她说，"这个卫生间还是挺好的，周边的保安、夜里巡逻的人，还有一些装修工人都会来用，也都会说我们弄得很干净，我也蛮羡的。有时候我就想，我老板做这个事是心好，给好心人打工，我也开心。"

章忠林做的好事，不仅是这个卫生间，今年夏天他还设立了一个"骆家庄免费茶水站"，也在自家楼下，用一个80厘米高的茶水桶，每天烧上一桶茶，就供应来往的路人喝一口。"几月开始的我拖记了，到了10月30日停时，中间没停过一天。我不在我老婆烧，有时候我们两口子都出去旅游了，我们房客帮忙烧，他们觉得帮得是好事情来搭个手了。"

早上6点钟起床，然后烧水，再等上午下午都要来出租屋里走一走，到自己种下的小树苗和花坛上浇水看看风景，"退休了，总要找点事情做，也是给生活找点乐趣吧。"

（供稿：樊边睪、杨进）

分享让更多人看到

个小便池，减少尿撒到地上的可能性；我这里的瓷砖铺得比我自己房间里的砖都要好，要看起来亮堂、干净。"章忠林说。边上做的架子也是为了方便大家放东西，另外还放了一些卫生间的清洁用品。

"洗手池也要的，虽然有水费，但是大家都要讲卫生的。这个钱不多，我也不计较。"章忠林还请了一个阿姨，"原来帮我们打扫楼梯和公共区域卫生的，隔天来一次；现在我让她每天都来打扫一次卫生间，扫扫地，然后把垃圾桶清干净。每个月也给她加了钱。"

其实这些都是小事，没想到的是，为了这个卫生间，章忠林专门配了一套安保设备。

他指着走廊里的摄像头说："每个楼层配一个，外面配几个，一共10个。"

为什么为一个公用卫生间，要配上10个摄像头？

"公用卫生间要24小时开放，我这个卫生间设在2楼，楼下大门就不能关。那我要对楼上楼下的租客负责的，所以配套安保设备，这样大家都安心了。"章忠林说。

不冲水、马桶堵的情况时有发生，章忠林也曾有过关掉的念头。

这样一个公用卫生间使用起来，会产生很多问题。"比如，马桶有时会堵；有些人爱蹲在马桶上，不愿意坐；有人会不冲水；有时候地上会弄得很脏……"章忠林说。他看到卫生间很脏的时候，也常常自己打扫。他一边扫，一边在心里发牢骚，也想过关掉算了。但是转头一想，这个卫生间还是方便了很多人的，既然好事做了，就该坚持。

"我后来找了很多清洁剂，也减少自己打扫卫生间的难度。"他拿出一罐管道清洁剂，"这个好用，一般堵塞，倒下去，等一等，就能冲掉了。"

来自河南信阳的易大姐，是这个卫生间的保洁员。她说："这个卫生间还是挺好的，周边的保安、夜里巡逻的人，还有一些装修工人都会来用，也都会说我们弄得很干净。有时候我就想，老板做这个事是心好，给好心人打工，我也开心。"

章忠林做的好事，不止这一件。今年夏天他还设立了一个"骆家庄免费茶水站"，也在自家楼下，一个80厘米高的茶水桶，每天烧上一桶茶，供给来往的路人。"几月开始的我忘记了，到了10月30日停的，中间没停过一天。我不在的时候我老婆烧，我们两个都去旅游了，我们会叫房客帮忙烧，他们觉得是好事情也乐意来搭把手。"章忠林说。

章忠林一般早上6点钟起床，然后烧水，每天上午下午都来出租屋里走一走。"退休了，总要找点事情做，也是给生活找点节奏感。"章忠林说。

走向未来的西溪科创园

第七章　鲲鹏之志

　　骆家庄村民的日常生活，已经和杭州城市的发展深度绑定在一起，从茅草房到平房，再到搬进小洋楼，从土地承包、征地拆迁，到城中村改造，他们都一一经历了。

　　如今，这个杭州城西昔日的杂乱小村子，曾经以农耕为主的江南村落，已经变成城市繁华里的美好居住区，环顾四周，学校、写字楼、地铁、农贸市场，配套完备。

　　随着城市发展进程的加快，骆家庄升级为西湖区黄金板块的"明星村"，成为"别人家的社区"。

经济：未来十年收入突破10亿元大关

2018年6月村转社区后，骆家庄进入了一个全新的发展阶段。2019年，骆家庄集体收入就突破了1亿元大关，村民的年均收入达到了50万元，股民分红累计达2亿元。骆家庄未来的路，该怎么走？

骆家庄股份经济合作社党委书记、董事长章忠萍有他的坚持——要走"经济发展集团化"的路子，把产业平台集而"团"之，发挥"团"的优势。"西溪科创园和骆家庄农贸市场，现在就发展得很好。接下来，骆家庄要充分发挥这两个产业平台的现代化产业集聚功能、经济衍生功能，实现一千家企业、一千亿产值的'双千'发展目标。"

经历多次转型升级和城中村改造的骆家庄，如今正处于繁华的杭州城西商住区中心地段，交通便利、商贸经济发达，高档住宅区和写字楼密布。章忠萍相信，骆家庄产业集团化，将是骆家庄经济发展的新起点、新路径。未来20年，骆家庄经济发展的目标，是达到10亿元。

建设充满人情味的和美骆家庄

打造"邻里和睦、守望相助"的生活共同体，一直是社区建设的理想目标。而充满人情味的社区，必定是"邻里和睦、守望相助"的，因为人情味本来就意味着人和人之间体现出公平、平等、关怀、互助等优良品格。

骆家庄股份经济合作社成立20周年表彰文艺晚会

宜居乐业的住宅小区

　　骆家庄作为一个城中村演变而来的社区，与城市社区相比还保留着浓郁的乡土人情味，这是骆家庄最宝贵的财富。

　　在走进新时代、踏上新征程的过程中，骆家庄将继续探索和实践具有新时代特征、城中村特色的社区建设路径，确保在新起点上取得更高水平的进步，让社区的每一名成员享有更强的幸福感和获得感。想要做到这些，就必须坚持建设"充满人情味的和美骆家庄"的总目标，下

"硬功夫"，做到一张蓝图绘到底、一任接着一任干。

文化如水，润物无声。精神文明建设以一个个有形阵地为载体，以无形文化滋润心田，让人们在参与中获得幸福，平等地照耀在每一个人身上。

夯实"五大家园"建设

在党建、政治、经济、文化、社会和环境上全面发展是基层社区建设的基本任务。总结多年来的发展实践，骆家庄提出了"红色家园""富足家园""洁美家园""和谐家园""精神家园"等"五大家园"建设。

未来，骆家庄要下苦功夫，扬长补短，继续扎实推进"五大家园"建设：筑牢基层党建引领核心作用强的"红色家园"；打造经济稳步提升，人民富裕度高的"富足家园"；建设运行高效，管理智慧化的"洁美家园"；构建社区公共服务高水平、高质量的"和谐家园"；营造厚德崇，礼文化传统传承好的"精神家园"。

骆家庄社区党委书记章忠萍作为市人大代表参加杭州市十四届人民代表大会第一次会议

全力打造"三治融合"治理

城中村虽然"非村非社",但"亦村亦社",是我国城市社区建设和乡村振兴发展中不可或缺的一部分。骆家庄虽然已成为城市的新设社区,但作为一个城中村的底色绝不能忘。这不仅是实施乡村振兴战略的内在要求,也是城中村振兴发展的重要内容。

骆家庄将在未来的城中村社区建设中下"笨功夫",不折不扣地深入实践"自治、德治、法治"三治融合的核心内涵,不断推进社区居民的民主自治,继续维系以乡土人情、德道规范为纽带的情感认同,并努力通过村规民约和社区公约等来深化法治。努力使自治活力有效释放,法治思维渐入人心,道德风尚不断提升,党群关系更趋紧密,在全力打

2021年10月25日,第二届浙江商会周启动仪式在骆家庄商会大厦举行

西溪科创园

造"三治融合"实践的示范社区、生动实践基层社会治理创新的道路上迈出更加有力的步伐。

实施以老百姓为中心的"十大行动"

人民对美好生活的向往，就是我们的奋斗目标。事实上，民之所望，也就是基层社区工作之所向。当前，群众的需要呈现多样化、多层次、多方面的特点，因此，必须在过去骆家庄实践和发展的基础上下"真功夫"，不务虚、只务实，全面实施以群众为中心的"十大行动"，即基层党建先锋行动、经济发展升级行动、社区管理示范行动、敬老养老优化行动、全民健康保障行动、传统文化发扬行动、创业创新助推行动、爱幼助学关爱行动、改革发展深化行动、反哺城市回馈行动，带领骆家庄全体"庄员"创造更加美好幸福的生活。

在文新街道党工委书记郑福良看来，转型升级、城中村改造和文化家园的建设，骆家庄在这几方面的发展进程上，已经迈出了坚实的一步。

面对新形势、新任务、新要求，骆家庄人在习近平新时代中国特色社会主义思想的指引下，在乡村振兴的框架中，在总结骆家庄以往探索实践经验的基础上，提出"一五一十"框架，切实推进骆家庄的全面发展，以此来展现社区建设的"好功夫"。

放眼未来，骆家庄的综合发展还将瞄准现代化、国际化，从城中村一路打拼而来，骆家庄将努力打造和美幸福的精品村、现代化共同富裕的示范社区。

骆家庄，未来可期。

第八章　荣誉榜

全国社区宣传思想文化工作示范点

杭州市模范集体

杭州市先进基层党组织

杭州市抗击新冠肺炎疫情先进集体

服务保障G20杭州峰会先进集体

杭州市"党建双强"最强党支部

杭州市五星级社区文化家园

浙江省党校党建引领基层治理创新现场教学点

杭州市党员干部教育培训基地

2020—2021年度青年文明号

2019年度文明创建美丽城中村

杭州市撤村建居社区示范点

杭州市新时代枫桥式退役军人服务站

五星级文明规范市场（2021年—2023年）

杭州市非物质文化遗产西溪漕划舟制作技艺

杭州市"党建双强"最强党支部

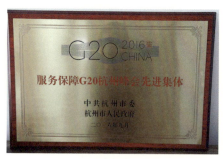

服务保障G20杭州峰会先进集体

全国社区宣传思想文化工作示范点

杭州市新时代枫桥式退役军人服务站

杭州市五星级社区文化家园

杭州市先进基层党组织

杭州市抗击新冠肺炎疫情先进集体

杭州市模范集体

杭州市非物质文化遗产西溪漯划舟制作技艺

2019年度文明创建美丽城中村

五星级文明规范市场（2021年—2023年）

后记：唤醒乡村记忆　建设精神家园

　　在纵横交错的河道上，几十只华丽的龙舟你追我赶的场景是每年端午节骆家庄的一桩盛事；骆家庄茶馆里，乡邻日日以茶会友，共同商议家门口的发展大计；社区文化家园的图书馆里，孩子们免费借阅图书，自由徜徉在知识的海洋中；上百平方米的健身房，村民们只要付上几块钱，就能打卡健身……在这里，一座社区文化家园就像一个"黏合剂"，重构起人们崭新的生活、交往方式，也增强了居民凝聚力，传承了优良文化传统，成为骆家庄人追求积极价值的归属之地。

　　比如，骆家庄文化家园的龙舟文化馆就藏着一份真切的集体乡愁：每年端午节前夕，收到召唤的骆家庄人为了参赛无论身处何方总会赶回家乡，取下馆里的划桨、锣鼓、龙舟大旗和龙头，在龙舟上秀一番船技；在龙舟赛场上，老中青结合的阵仗诠释着龙舟精神的传承与守望；再吃上一顿龙舟家宴，让天南地北的骆家庄人永远留有一份牵绊和乡土情缘。即便是村民新老交替，即便是城镇化快速推进，即便是人口流动加剧，即便是精神生活进一步多元化，龙舟文化馆里讲述的故事，都是对这方水土与这方人的拳拳之爱！

迈入新时代，龙舟文化馆的故事还在续写：骆家庄人继承和发扬"赛龙舟"精神，把握时代发展脉搏，攻坚克难，找准自身发展路径，心往一处想、力往一处使，用敢于啃"硬骨头"的姿态，推动骆家庄经济、文化、社会治理的全面提升，让社区的发展在新征程上行稳致远。

正如骆家庄社区（经合社）党委书记、董事长章忠萍所说："骆家庄的发展要有一根主线，传统文化不能丢，打造'充满人情味的和美骆家庄'是我们的目标。我们要通过龙舟胜会、重阳家宴、小舟非遗挖掘、和美之星表彰这些活动，不断创新社区优质公共文化服务供给，继续挖掘骆家庄的优秀传统和特色文化，组织开展丰富多元的社区文化活动，营造社区居民共享文化发展成果和交往、交融、交心的文化场所；整合社区内各类资源，打造'跨界融合'的公共文化空间和'以德为先''以文育人''以和为贵'的社区文化，为骆家庄的发展奠定更好的文化氛围和发展环境。"

作为优质文化公共服务资源下沉的探索路径，骆家庄社区文化家园秉持"大门常开、活动常态、内容常新"的基本原则，在硬件建设上建场地、保配套，在软件建设上开展主题活动策划、文化内容建设、文化队伍建设、场馆长效管理等多种服务，为社区文化家园注入丰富的文化内涵，也为更多社区文化家园的长效运营和可持续发展探索新路。

在本书的编写过程中，西湖区文新街道、骆家庄社区的许多同人给予了极大的帮助。特别感谢骆家庄社区党委以及社区文化员陆佳程对本书编写和图片提供作出的大力支持和辛勤的劳动。在此，对他们表示衷心感谢！

编者

2022年3月